ファシリテーター行動指南書

意味ある場づくりのために

中野民夫 監修
Tamio Nakano

三田地真実 著
Mami Mitachi

Behavior Instructions for Facilitators

ナカニシヤ出版

監修のことば

「参加型の場」は，楽しい。ただ聞くだけでなく，自分も話しているうちに，なんだか夢中になったり，やる気が出てきたりする。いつのまにか自分ごとになってくるので，自ずともっと関わりたくなってくる。こうして主体性や自主性が自然に育まれる。頭での理解を超えて，行動への扉がふと開く。

学校の授業で，企業などあらゆる組織の会議で，行政や NPO/NGO や市民の講座や学びの場で，参加型の場が求められ，ここ十年くらいの間に，日本でも「ワークショップ」的な場がずいぶん拡がってきた。「ワークショップ」とは，一方的な知識伝達のスタイルではなく，参加者や学習者が，自ら参加や体験を通してお互いに学び合う場だ。学ぶだけでなく，一緒に何かをつくっていく場でもある。

そしてこのようなワークショップや，ワークショップとは言っていなくてもワークショップ的な参加型の場を，企画し，進行していくのが「ファシリテーター」である。

現代社会のあちこちで様々な課題がある。一方でなんとかしたいと思う人々がいる。そして，集い合い，問い合い，学び合い，話し合う。しかし，ただ集まっても，必ずしも実り多い集いになるとは限らない。せっかく人が集まる場を，どうしたら実り多い場にできるのだろうか？

本書は，この問いに真正面から取り組むファシリテーターのための指南書である。参加型の場づくりの技法である「ファシリテーション」は，国内外の分野を超えた無数の実践の中で磨かれてきた。やはり，実りある意義深い場をつくるためには，ファシリテーターがふまえるべき技や心得があるのである。その行動のための指針が，本書には凝縮している。

著者の三田地真実さんは，教育学を学び，言語聴覚士として病院の現場で働き，米国に留学して応用行動分析学を学び博士号も取られた。帰国後，障害のある子どもたちへの特別支援教育のコーディネーター養成に関わる活動をしようというそのときに，ファシリテーションに出会った。様々な学びと実践を積み重ね，ファシリテーションを教育の世界に応用したり，持ち前の行動力を発揮して NPO 法人日本ファシリテーション協会の発展を支えるなど，日本におけるファシリテーションの普及に貢献してきた。

私は若い頃から参加体験型の場が好きだったが，アメリカで組織変革学や環境や平和をテーマとする様々なワークショップに出会い，その後の日本での実践をふまえて，2001 年に『ワークショップ』を出版した。具体的なノウハウをまとめて 2003 年に『ファシリテーション革命』を出版したのを機に，Be-Nature School の森雅浩氏と「ファシリテーショ

ン講座」を始めたが，三田地さんは縁あってこれに参加された。彼女がそれまでに蓄積してきたものとスパークしたのか，大変熱く学ばれ，多くのことを修得された。本書の内容の多くも，この講座の内容が元になっている。また，私が2005年度から法政大学大学院で「ファシリテーション演習」を担当したときも，三田地さんにはアシスタントとしてサポートしていただき，3年間大学院教育の現場での試行錯誤を共にし，4年目からは彼女に任せた。私が様々な現場で，特にBe-Nature Schoolのファシリテーション講座の多くの仲間たちと培ってきた「ファシリテーションのスキルとこころ」のエッセンスは，彼女の中にしっかりと引き継がれている。

　その後も，三田地さんは，様々な教育の場を中心に幅広く実践と研鑽を積んでこられた。特に，元々の専門でもある応用行動分析学を応用し，人間の行動の原理にまで遡って科学的に理解し，そこからファシリテーションの世界を深め補強していく点は，本書の後半で展開されるが，三田地さん独自のものである。ファシリテーションの世界全体に対しても大きな貢献である。

　このような三田地さんの長年にわたる実践と研究の成果が，幾多の試練を経て，満を持してようやくここにまとめられたのは，大変うれしい。教育の現場で，様々な会議の場で，学びや創造の場で，より「意味ある」場づくりを目指すファシリテーターの皆さんに，必ずや役に立つことを確信している。どうぞ，お楽しみあれ。

中野民夫
ワークショップ企画プロデューサー
同志社大学政策学部・大学院総合政策科学研究科教授

はじめに

"All you need is Behavior."（行動こそがすべて）

　『ファシリテーター行動指南書』は，書名が表す通り，とことん「行動すること」にこだわって書いてみた。テニスや野球と同じで，ファシリテーションも実際にその「場」に立って，実際に何を言うか，何を行うかが肝要なのである。そのためにもちろん理論も必要だろう。しかし，理論ばかりをいくら頭に詰め込んでも実際に「行動」できなければ，何もできないのと大差ない。いくら「熱い想い」があっても，それをどのように具体的に実行するのか，それが明確でなければ，何も変わらないからである。

　とにかくまずやってみる，そしてうまくいったかどうかを常にふり返る。そして，改善する，いわゆるPDCA（Plan-Do-Check-Act）サイクルと言われるものを愚直に実践することこそが，ファシリテーターとしての腕を磨く最短の方法なのである。

　そして副題『意味ある場づくりのために』は，私がなぜここまで場づくりにこだわるのかをそのまま直球で示した。本書の初校をチェックしている最中にも「ワークショップ」という名の「単なる講演会」に参加し，「ワークショップと言うのならば，きちんとそのような場づくりをして欲しい」と事後アンケートに書かねばならないプロセスが私にもたらされた。未だに「参加者にとって本当に意味ある場づくり」がなされていないことに遭遇するたびに，自分如きが本を出すことへの躊躇が払拭される。「意味ある場づくりについて，もっときちんと伝えなければ」そういう想いに駆り立てられるのである。

　本書は以上のような私の動機づけを核とした内容・構成になっている。行動することは大切なのだが，いきなり行動する前に，しっかり自分が臨もうとしている「場」の意味を考えるということからスタートする。これが第1章である。第2章では，いわゆるスキルと言われる技術的なものというよりは，ファシリテーターが常に行っていることが求められる行動を「2W3B」として整理し，これを経時的なサイクルとして「行動実現プロセスループ」として示した。第3章は，ファシリテーションの準備，本番，そしてフォローアップという基本的な3つの段階に沿って，具体的にファシリテーターが実行したいスキル，配慮するべき事項について時系列にステップとして解説してある。第4章は，実際の現場の事例を紹介しながら，第3章でのスキルがどのように活用されているのかについて解説する。

　第5章は，ファシリテーターの基礎スキル向上編とでも言うべき内容であるが，これはファシリテーターのみならず，カウンセラー，コーチ，あるいは教師などヒューマン・サービスの仕事に携わる人には共通に使える基礎トレーニングとして位置づけている。第5章の最後には，筆者の専門領域である，心理学の一分野の「応用行動分析学（Applied

Behavior Analysis, 略してABA)」の視点から場づくりを見直すとどうなるか，さらにABAの基礎の基礎を紹介している．ファシリテーション自体はまだノウハウ集の域を出るものではないが，いずれ応用行動分析学の視点で科学的に理論づけたいと思う方は一読されたい．ちなみに，行動分析学では，「考える」ということも「内的言語行動」，つまり「行動」と捉えており，先の行動実現プロセスループの一つずつのステップも表には見えない「考える」を行動としているためにそのように名づけている．

　最終章の第6章では，ファシリテーターがプロセスに巻き込まれないために具体的にどのような点に留意していけばよいかについて，セルフ・モニタリング，セルフ・センタリング，メタ・モニタリングという新しい概念を提起している．これについては，まだまだ整理していかなければならない部分であるが，最新の考え方として紹介することとした．

　お料理もいくらレシピを眺めても何も生まれてこない．実際に作ってみて味わってみて，それで自分の腕がどのくらいかが試される．ファシリテーションも全く同じである．是非，この指南書を片手に，この中のステップの1つでも2つでも「実行」され，さらにその「場」を単なる自己満足で終わらせないために，必ず参加者からのフィードバックを得，プロセスを丁寧にふり返っていただけることを祈念したい．

　　　　　「意味ある場」がたくさん生み出されることへの願いを込めて

三田地　真実
教育ファシリテーション・オフィス代表
星槎大学共生科学部・大学院教育学研究科教授

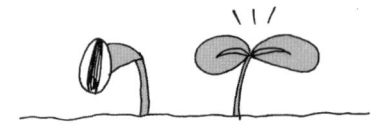

目　次

監修のことば　*i*
はじめに　"All you need is Behavior."（行動こそがすべて）　*iii*

第1章　「意味ある場づくり」を目指して————————1
  1.「意味ある場づくり」とは？——ファシリテーションの目指すところ　*1*
  2.「ファシリテーション」と「意味ある場づくり」の関係
      ——上手に"ガードレール"を建てる技　*5*
  3. なぜ，そこまで「意味ある場」にこだわるのか？——豊かな人生のために　*13*

第2章　ファシリテーターの5つの心得——2W3Bのマインド（志）
————————15
  1. スキル（技）を活かすために必要なマインド（志）とは？　*15*
  2. 5つの心得——常に実行しておかなければならないこと　*17*
  3. 行動に移すまでのシミュレーション——行動実現プロセスループ　*32*
  4.「心得」は常にまわしているもの　*33*

第3章　ファシリテーションの3つの段階——準備・本番・フォローアップ
————————35
  1. ファシリテーションの準備・本番・フォローアップ
      ——時間軸に沿って一つずつ考える　*35*
  2. ファシリテーションの準備の段階——その場の成否は準備で決まる　*36*
  3. ファシリテーションの本番の段階——当日のファシリテーション　*49*
  4. ファシリテーションのフォローアップの段階——終わった後の締めの技　*69*
  章末資料『ファシリテーター行動チェック表』　*73*

第4章　ファシリテーションを活用した場づくりの実際————————75
  1. ファシリテーションの応用分野——ワークショップとファシリテーション　*75*
  2. ワークショップに活かすファシリテーション　*77*
  3. 授業・研修に活かすファシリテーション　*83*
  4. 会議に活かすファシリテーション　*90*
  5. プレゼンテーションに活かすファシリテーション　*97*

第5章　ファシリテーションの技と志をつなぐ基礎力トレーニング ──────── 101

1. スキルはむやみに使ってもダメ──基礎力が必要　*101*
2. 観察力のトレーニング──技を使うタイミングを見抜く基本中の基本　*101*
3. 一対一のコミュニケーション力のトレーニング──次の一手を実行するための基礎　*107*
4. 応用行動分析学（ABA）の基礎講座──人間行動を科学的に理解する　*112*

第6章　ファシリテーターで"あり"続けるために──しなやかな強さを持つ ──────── 119

1. 「個人攻撃の罠」にはまらない──セルフ・モニタリングをしっかり行う　*119*
2. セルフ・センタリングからメタ・モニタリングへ──自分の軸を持ち，場を俯瞰する　*121*
3. 常に「プロセス」を観ること──揺らぎ，恐れ，そして喜びも悲しみも　*122*

引用文献　*125*

おわりに　これまで，そしてこれから──ファシリテーターとして生きる　*127*

巻末資料　A　『ファシリテーション』企画の6W2Hのフォーム　*129*
巻末資料　B　プログラムデザイン曼荼羅図のフォーム　*130*
巻末資料　C　場の観察アセスメントフォーム　*131*
巻末資料　D　話合い観察チェック表　*132*
巻末資料　E　コミュニケーションの分析フォーム　*133*

索　引　*135*

Column

- "意識改革"ではなく"行動変容"を目指す理由　*5*
- "根拠なきスキル飛びつき型"とは思考停止状態　*20*
- ネガティブな発言が出されたことの意味づけ　*26*
- 「自分の意見を何でも自由に言っていい」の取り違え——攻撃とは違います！　*28*
- 最後に手放すことの難しさ——親として　*31*
- いつでも，どこでも，場づくり研究？！　*48*
- アメリカの大学にて——オンタイムで始まる授業？！　*52*
- うちの学級会よりひどい？　大人たちの討論会　*56*
- 「閉じる」のか「開く」のか——英語と日本語の終わり方の違い　*68*
- プログラムデザイン最後の技——No Plan で臨む場　*72*
- 日本人は事実と解釈の切り分けが苦手？　*104*
- できれば行いたいビデオ分析　*107*
- 言語より非言語が真実を伝える？！　*109*
- 自分ができると思った瞬間が，危ないとき？！　*123*

問いかけワーク

- あなたにとって，「意味のない場」とはどんな場？　*1*
- どんな感じがしますか？——3つのタイプをプチ体験する　*10*
- 自分の現場を見直してみよう——ガードレールは丁度良い「幅」か？　*12*
- 自分がファシリテーターとして関わっている場について，3つのレベルの Why？を書き出してみよう！　*19*
- 内なるプロセスを見てみましょう　*24*
- 安心・安全な場について考えてみましょう　*27*
- 中立について考えてみましょう　*29*
- その場に委ねることができましたか？　*30*
- 行動実現プロセスループを使ってみましょう　*34*
- 自分の動機づけのレベルを見直してみましょう　*39*
- 意志決定のプロセス　*63*
- 行動計画を作ろう！　*65*
- 自分のコミュニケーションの癖（パターン）を整理してみよう　*111*
- あなたが参加しているいくつかの会議やミーティングを次の3つに分類してみよう！　*114*

第1章
「意味ある場づくり」を目指して

「意味ある場づくり」とは？
——ファシリテーションの目指すところ

1.1 「意味ある場」とは？

　本指南書は，本当に「意味ある場」をつくりたいと願っている「ファシリテーター」，つまり「ファシリテーションを行う人」に向けて書かれたものである。本書を最初から最後まで貫くコンセプトはただ一つ「意味ある場づくり」ということである。本書は単なる「スキル本」ではない。本当に意味ある場をつくるためには，△△スキルを使えば良いという単純なやり方では実現できない。意味ある場にするためには，ファシリテーターは，常に「自らの行動の意味を考え」「自ら，何がその場で起きているのかを感じ取り」そして「さらに良い場にするためにはどのように振舞えばよいのかを考えて行動する」ことができなければならない。大事なことは，常に「自らの行動の意味」も考えることで，このトレーニングのために本書の折々には「問いかけワーク」が挿入されている。これらにまず自ら考えて答えることによって，それぞれの問いの「意味」を深め，「意味を考える」ことを習慣づけていただきたいと願っている。この「意味を考える」行動を繰り返すことが「意味ある場づくり」の礎となるのである。

　それでは，早速最初の「問いかけワーク」に入っていきたいと思う。そもそも「意味ある場」とは何だろうか？　逆に「意味がない」と感じられる場とはどのような場であろうか？　ここでは，まずそれは，意味がないと感じられるのはどんな場であるかをイメージすることで，逆にその「意味」とは何であるかを浮き彫りにしてみたいと思う。

> **問いかけワーク**　あなたにとって，「意味のない場」とはどんな場？

　意味がない，つまらないと感じる場を思い出して書いてみよう！　それはなぜなのか，その理由も思いつくままに書いてみよう！

```
あなたの回答


```

私たちは人と関わらずには生きていけない。毎日何らかの形で人が集う「場」に自分も身を委ねている。複数の人が集うところ，そこには「場」ができる[1]。ある場に参加しているとき，それが「研修」や「セミナー」であれ，「授業」であれ，あるいは「会議」や「ワークショップ」「シンポジウム」「パネルディスカッション」であれ，「ああ，この場に参加して良かったな……」と感じられる場と「何だこの場は，何のために私は貴重な自分の時間を費やしてこの場に来ているのだ？」と思えてしまう場の大きく2つに分けられる。

本書では，このように複数の人間が同じ空間に集って何かの活動に従事しているような時間の流れのことを「場」と呼ぶこととする。言い換えると，「場」とは複数の人間が集っている時空のこととなる。

さて先の「問いかけワーク」では，どのような場を思い浮かべられたであろうか。

《意味のないと感じられる場》　いくつかの代表例

- つまらない，眠くなる，時間の無駄，と感じるような場。
- （会議では）　同じ人がしゃべっている，議論が堂々巡りである，声の大きい人の意見が通って自分が参加している意味がない，何を決めようとしているのかわからない，時間を使っているのに何も決まらない。
- （授業では）　先生が何を教えようとしているのかがわからない，先生の説明の仕方が下手。演習の意味もわからないので，ただやらされているというだけ。
- （シンポジウムなどでは）　一人ひとりが発表しているが，それらの関連性がわからない。話している内容がバラバラ。質疑応答も自分勝手な意見を演説しているだけ。

筆者自身，たくさんの場に参加してきたが，せっかく多くの人が集っているのに——しかも同じ興味で集っている場合などは特に——参加者の間で何の相互作用もなく会場を後にしてしまったりするときに，「ああ，なんてもったいない……」と感じることがある。また，自分自身が学生時代に受けた授業や研修などは「これは，一体受講者に何を伝えようとしているのか？　全くよくわからない」と思わされるものが少なくなかったように記憶している。つまり，自分にとって何かが得られたり，学んだりすることがない，そういう場が意味がないと感じられるものであった。

これを裏返せば「意味ある場」とはどういう場であるか自ずと浮き彫りになって来よう。意味ある場とは，そこに参加することで参加している人々が何かを得たり，学んだり，気づいたり，あるいは具体的な行動計画を生み出したりというそういう「作用」を持って

---

[1] 本来は，2人でも「場」を形成しているが，ファシリテーションという際には一応，「3人以上の複数の場」を想定したい。コミュニケーションの基本形である，2人の場合については，第5章で詳しく触れているのでそちらを参照されたい。なお，本書で言うところの「場」を英語で示すとするならば，"place" ではなく "locus" という語を当てたいと考えている。

いるものにほかならない。加えて，そういう場には参加者間の相互作用がうまくしかけられていることが多い[2]。

1.2　「場」は「BA」と表そう？！──野中先生の「場」

　「場」とは何か。その1つの答えが期せずして得られる出来事があった。とある研修会にて，自分の出番を待つ間に「ナレッジマネジメント（知識経営）」では第一人者の一人である野中郁次郎氏（一橋大学名誉教授）の講演を聞く機会に偶然恵まれた。「難しいビジネスの話は，自分にはわかるだろうか……」と思っていたところ，野中先生の講演会のキーワードは，何と「場」であること，しかも，その「場」を「BA」と表記することで，国際語にされようとしていることを知り，大変驚き，また感銘を受けた。野中氏の「場」について，岑（2010）でわかりやすくまとめられているので，以下にそのまま引用して紹介する。

> 　知識には「暗黙知」と「形式知」の2つがあります。暗黙知をチームで共有して形式知化し，それをチームの構成員が活用することで新たな暗黙知が生まれ，それをまたチームで共有して……というスパイラルが，組織的な「知」を創造する，というのが野中先生の提唱する「SECI モデル」[3]の肝です。そして，組織において「知」を循環させ，共有していくには，特に「『場』をタイムリーに作り出すこと」が極めて重要である，と野中先生は主張されています。
>
> 　これはどういうことか。ここでいう「場」とは，「組織体制」のような抽象的なものを指しているわけではありません。そのものずばり「場」です。「いま，ここ」を共有する「物理的な場所」のことです。
>
> 　「いま，ここ」を共有することで，それぞれの主観が影響し合って「相互主観性」が生まれ，知識が生成されていく。リーダーは，そういう「場」を作り出す能力が必要である，というのが野中先生の主張です。

　つまり，野中氏は「知識のスパイラル」を起こさせる大事な要素が「場」であると主張しているのである。これはまさにファシリテーションで言うところの意味ある場づくりにも通じるものではないだろうか。さらに筆者にとって，大事なキーワードである「今ここ」という言葉を使われて「場」を説明されていること，そして「BA」と表現して，そのニュアンスをそのまま伝えようとしていること，いずれも大変共感を覚えたのである。そこで本書においても，「場」あるいは「場づくり」という言葉をキーワードとしてそのまま用いていくこととする。

---

[2] たとえ相互に話をする機会が直接なくとも，多くの人が共に同じ授業を受けたりセミナーに参加したりするというのは，録画された場面を自室で一人で視聴しながら学習するのとは全く違う効用があろう。
[3] Socialization（共同化），Externalization（表出化），Combination（連結化），Internalization（内面化）の頭文字を取って，SECI モデルという（野中，2010）。

1.3 「行動変容」が「意味ある場」の必須要素

　このように「場」では複数の人が集い，様々な活動が営まれる。そこに集う人々は，誰一人として同じ人生を歩んではいない。違う人生を歩んでいる人同士がある時点で，その人生が交差し，一堂に会したことでもたらされる様々な相互作用の賜物がある。それが人と人が出会う醍醐味であり，このような賜物が得られたときに，「ああ，この場に居てよかったな……」と素朴に感じるのではないだろうか。このような相互作用の賜物を生み出すためにも「意味ある場づくり」のしかけが必要なのである。そこで，広い意味での「意味ある場」のイメージを図1-1に示した。

　この図は，ある「場」を通り抜けたときに，そこに参加していた人が「何らかの行動変容」を起こすということを示している。非常にシンプルな図ではあるが，「意味ある場」を理解し，実際にこれから場づくりをしようとする場合に必要な，最小限の情報が示されている。「行動変容」とあるのは，この場に参加した人がその後，具体的に何かの行動を起こす，あるいは新しい行動を獲得するなどの意味を示している。例えば，あるセミナーを受けた人は「〇〇という料理を作れるようになる」，ある授業を受けた学生は「統計の原理を理解して，実際の実験に使うことができる」などである。実は本書自体も1つの「場」であり，この本を読んだ後には，「5つの心得と15のステップの実践ができる」という具体的な行動変容を目指している。

　いろいろな「場」にはそれに相応しいゴール（目標），つまり目指すところがある。それを一つずつ言語化していく作業については，第3章を参照されたい。ここでは，「意味ある場」の全体イメージ，参加者の人にとって「どういう意味」があるのか，そのことを常に考えながら場づくりをしていくということをお伝えしたい。

　逆に「形骸化している場」「形だけの委員会」「形式的な会議」というのは，この意味ある場の対極に位置する。そのような話合いに参加しても得るものはほとんどないと感じられ，参加した後に行動が変わるということは程遠いのではないだろうか。これは，おそらく長年同じような「パターン」で繰り返し開催されるうちに，そもそも何のためにその場があるのかが見失われてしまっている可能性が大いにある。このような場は，「そもそも

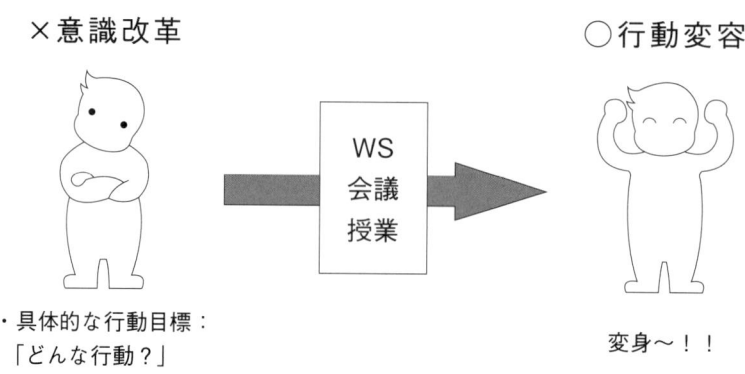

図1-1　行動変容の図（三田地・岡村，2009を参考に作成）

論——これがその場の意味にほかならないのだが——」について話し合わないといけない時期にきていると言えよう。

> **Column**　"意識改革"ではなく"行動変容"を目指す理由（わけ）
>
> 　最近，特に何か不祥事が起きたときに「職員の意識改革を徹底して……」という文言が聞かれますが，果たして意識改革だけで十分なのでしょうか。いくら意識が変わっても「行動が変わらなければ」実際には何も変わったとは言えないのではないでしょうか。
> 　例えば，「お客様の気持ちになって考える会社にしよう！」という意識改革がされたとして，これは具体的にはどういう「行動」で表すことができるのかまできちんと考えておかなければ，いわゆる「耳当りの良い標語を連呼する」だけになってしまう可能性が大です。「お客様が来店されたら，心からの笑顔でお出迎えしよう」「お客様から呼ばれたら，すぐに"はい，喜んで！"と答えよう（実際に，そういう実践をしている居酒屋チェーン店がありますね）」など，行動の指針を決めておくことが大事です。具体的な行動の場合「できたか，できなかったか」がはっきりと目に見えてわかるという特徴があります。
> 　意識改革が悪いというのではないですが，それだけでは不十分だということです。意識改革を実践するための行動変容，具体的な行動の指針を立てる，本書の目的もまさにそこにあります。

2　「ファシリテーション」と「意味ある場づくり」の関係
——上手に"ガードレール"を建てる技

2.1　ファシリテーションとは？

　ファシリテーション（facilitation）とは「促進する」「容易にする」という意味の"facilitate"の名詞形である。ファシリテーションについては，森（2009）からの説明を以下に引用する。

> 　ファシリテーションは誰かが何かをするのを容易にしたり，促進するために使われる。たとえば組織や地域のメンバーがある決断をすることを容易にし，クラスの生徒たちが学ぶのを助長する。ファシリテーターとはこうしたファシリテーションを担う人を指す。大切なのは決断を下すのはメンバーであり，そして学ぶのは生徒であり，決してファシリテーターではないということだ。だからファシリテーターは本来的には支援する人であり，脇役だとも言える。通常，進行促進役や協働推進役などと訳されることが多いが，私は助産師というたとえが気に入っている。生むのは親，生まれるのは子ども。（中略）困難なお産でも助産師がいることで，無事に元気な子どもが生まれてくる。

ファシリテーションが使われる目的や用途は様々だ。具体的な成果物や合意を生み出すためにも，学習や理解を促進するためにも使われる。会議や研修，ワークショップ（注：参加型の学びや創造の場のこと。ファシリテーションはこのワークショップで発達してきた経緯がある）など数時間から数日程度の場合や，プロジェクトや組織改革など長い期間に及ぶものもある。(p.5)

つまり，一言で言えば，ファシリテーターはその場に参加している人に力があると信じ，それを引き出す，最後にはファシリテーターがいなくなっても参加者の力が溢れ出すまでにする，そういう役割なのである。森氏はファシリテーターを「助産師」にたとえているが，筆者は「農夫さん」にたとえてみたい（図1-2）。ファシリテーターが農夫さんと同じ役割を果たすのでは？と気付いたのは，「りんご農家の木村さん」で一役有名になった木村秋則さんの一言がファシリテーターの心得とぴったり重なったことによる。農薬に頼らず，自然栽培でりんごを育てることにとことんこだわった木村さんは，自分の仕事について次のように言っている（石川，2008）。

　　私に出来るのは，リンゴの木の手伝いをすることだけだ。（中略）心の底からそう思うようになったんだ。(p.194)

　　リンゴの木が元々持っていた自然の力が引き出されたんだと思うのな。(p.193)

これは前述の森氏と言わんとしている本質のところは同じであり，ファシリテーターはその場には深く関わるけれども，最終的に実際に変化し，実りをもたらすのはりんご自身＝参加者自身であるという点，そのためには，参加者の力を信じるという点，ファシリテーターの大事な心得として常に肝に銘じておきたい視点を包含していると言えよう。

図1-2　ファシリテーターのイメージ図（農夫さん）

2.2 場づくりのイメージ図──教育方法の3つのタイプ

　しかし，ただ参加者の力を信じ，その力を引き出すのがファシリテーターの役割だ，と言うだけでは実際に具体的にファシリテーターがどのように「行動すればよいのか」のイメージは十分湧いてこない。そこでさらにもう一つ，自分の場を見直すためのフレームとなる3つの場のイメージ図について紹介する。

　図1-3に示してある，「線路型」「放牧型」，そして「ガードレール型」という図は，筆者が教育学部に在籍していたときに，「教育の3つの方法」として教わったものである。まず，教育という場においてそれぞれがどのような意味を表しているかについて解説する。

　1つめの「線路型」の教育方法とは，ある目標（教育目標）に向かって教師が敷いたレールの上を学生や生徒が同じ速度で同じように一糸乱れず歩いていく姿をイメージしたものである。この「線路型」は，レールからはみ出したり遅れたりすることが基本的に許されない方法であることを示している。いわゆる1980年代から約30年間実施されていた「ゆとり教育」が導入される前の従来の日本式の教育方法がこの「線路型」の実例に近いものではないかと推測される。学業的についていけなくなった子どもたち，それはこのイメージ図で表現すれば，線路の上を他の子どもと同じ速度で歩いていけなくなった子どもたちであり，事実，当時はそういう子どもたちは「落ちこぼれ」と呼ばれていた。

　2つめの「放牧型」というのは，学生や生徒は好き放題に勝手な方向を向いて牧場（これが一応学校という大きな枠にはなろう）の中を飛び回っているというイメージ図である。そこにはこの授業で子どもたちにどうなってほしいか，という指導者が目指すべき明確なゴール（教育目標，指導目標にあたる）が不明確で，いわば子どもたちは「野放し」の状態である。2000年から段階的に進められてきた，「総合的な学習の時間」でこの「放牧型」に近い教育の方法になっていたと思われるケースが散見される。教師の側もどのようにこの総合学習の授業を設計（この設計を「デザイン」と呼ぶことが最近の傾向である）していけばよいかに戸惑い，課題をある意味子どもの側に丸投げしてしまい，親が家で代わりに調べ学習をしたりまとめたり……ということが起きてしまっていた。このような例は，目標を見失った放牧型の一例と言えよう。

線路型

放牧型

ガードレール型

図1-3　教育の3つのイメージ図（三田地，2009）

3つめの方法は「ガードレール型」といわれるもので，これはある意味で線路型と放牧型の良いところを融合させた形である。子どもたちが進むべき方向性，つまり教育目標は明確になっている。しかし，線路型とは違って，学生や生徒が活動してよいという範囲を示すガードレールはある程度の幅を持って設定されている。この枠の中では自由に活動できるようになっている。この自由に活動する中で子ども同士の相互作用を活発化させ，そこで相互に学ぶ中から気づき・学びを生み出すことがイメージされている。

　この3つの教育方法のうち，理想として目指すべきは「ガードレール型」である，と教育学部在籍当時，筆者は習った。実際にこの3つのタイプのうち，授業として組み立て，展開させるのが最も難しいのは「ガードレール型」である。線路型は教師側の思う通りに進めるパターンであり，放牧型は教師が子どもたちをただ自由にさせている状況である。ガードレール型はその中間型，子どもたちの側にある程度の自由もあり，かつ明確な目標が設定されている。それゆえにこのガードレールの幅が広すぎれば，放牧型に近いものとなり，教育として何を目指しているのかわからないという状態になってしまう。逆に狭すぎれば，線路型に近いものとなり，学生や生徒の活動の自由度が下がってしまう。ガードレール型では，「どこまでを教師がコントロールし（つまりガードレールを建て），どこまでは学生や生徒の自由裁量に任せて学びや気付きをもたらすか」という2つのバランスをどう取るか，まさにその「匙加減」「塩梅」が成否の鍵となる。

　この3つの型について，筆者が行ったアンケート調査の結果を例に解説したい。このアンケートは，授業デザインをテーマにした授業を受講していた教育学部の学生に，先の「総合的な学習の時間」について，尋ねたものである。このアンケートでは，「かつて小学生，あるいは中学生」であった学生に「自分が受けた総合的な学習の時間」を思い出してもらい，「どういう授業が良かったと思うか」「どういう授業はいま一つだったと思うか」と記憶に残っている状態を書き出してもらった。

　その結果，良かった総合的な学習の時間の授業というのは「ゴールが明確で，授業の進め方（手続き）もわかりやすかった」という形に集約された。加えて，思い出に残るような「総合的な学習の時間」は，調べ学習などでまとめた結果を最後にただ発表するだけではなく，その発表した結果が次の何かにつながるようなものであった場合であった。逆にややマイナスの印象が残る総合学習の授業というのは，「そのときは，先生もどうしていいかわからずに戸惑っているようだった」などという教師側の迷いやブレを子どもたちなりに感じ取っているものであった。

　なぜこのようなアンケートを実施したかといえば，総合的な学習の時間というのは，教師の裁量でかなり自由にプログラムデザインができる枠であるが，逆に他の教科のように明確な指導内容が規定されているわけでも，教科書があるわけでもないだけに，教師の側がどの程度その授業を子どもにとって「意味あるものとして」デザインできるかには大きな差があったと思われたからである。なお，前述した「調べ学習」とは，個人であるいはグループで何かのテーマについて調べ，まとめて発表するというパターンのものである。

テーマを与えて，その後の学習の進め方が不明確な場合，放牧型になりやすい。

このように「総合的な学習の時間」のプログラムデザインにおいても，大事なポイントはゴールとプロセス（進め方の手続きやプログラムの流れ，進行）であり，これらが明確なものは児童・生徒にとっても「良かった」ものとして数年経った後も記憶に残っているのではないかということだ。特に最終的に自分たちが調べたりまとめたりしたことを単に自分のクラスで発表するだけではなく，最終的に他学年あるいは幼稚園などの子どもたちの前で発表したり，自分のクラス以外の人たちと共に活動できたような場合には，「自分たちもとても感動した」と報告されていた。学習の最後に自分たちが作り上げた成果物に対して，他の人からの肯定的な反応が得られたことが大きな喜びとなって，総合学習が忘れ得ない場として思い出になったのであろう。

逆にゴールやプロセスが不明確なものは「とりあえず先生が言う通りにやってみたけれど……」何のための総合的な学習の時間であったのか，子どもたちにとってもよくわからない場になっていたのではないかと推察されよう。

ゴールやプロセスが明確でかつ子どもたちの活動にある程度自由度があるというのは「ガードレール型」であり，一方，ゴールやプロセスがあいまいという活動は「放牧型」に近いと分類できよう。以上のように，例えば「総合的な学習の時間」の見直しという際にも先の3つのタイプは役に立つということがわかる。

2.3　ファシリテーションとは上手に"ガードレール"を建てる技

これら3つの教育方法について学んだ当時は，その「意味」するところは実はよくわかっていなかったように思う。実際に，この3つの方法の意味することが自分の中で位置づけられた（いわゆる腑に落ちた）のは，自分自身が「場づくり」に深く関わるようになってからであった。自分の場づくりの現場の見直しを行う中で，ふとこの3つのタイプということが思い出された。そしてこのフレームを使って「場」を見直すと，何がうまくいっているのか，あるいはうまくいっていないのかが具体的にわかるということに気付いたのである。

実用的には，表1-1に示したような観点で，意味ある場をつくろうとしているファシリテーターが自分の場がうまくいっているかどうかを見直すフレームとしてこの3つのタイプを使うと使い勝手が良いだろう。ガードレール型の場合は，目指すゴールは明確であり，そのプロセス（場の進め方，流れ）もわかりやすいという意味である。線路型はゴールは明確であるが，指示や教示が細かすぎるというイメージである。放牧型は逆に参加者は自由に活動しているが，目指す方向がよくわからないという場合である。

端的にファシリテーションとは，上手に場のガードレールを建てられることと言い換えられるのではないかと筆者は考えている。どのような場であっても100%完全に参加者が自由であるということはあり得ず，何らかの枠組み，制約条件があって成立している。この枠組みこそが，"ガードレール"として称されるものではないかというのがその根拠であ

表1-1　場づくりの3つのタイプの比較チェックポイント

タイプ	ゴール	プロセス（流れ）	チェックのポイント
ガードレール型	明確	フレームが明確	参加者は闊達に活動している。その場の目的，方向性も明確にされている。
線路型	明確	細かく指示	参加者がやらされている，窮屈な感じを抱く。ファシリテーターが場を仕切りすぎているように見える。
放牧型	不明確	不明確	参加者は自由に活動しているが，その場の目的，方向性が見えない。

る。

　なお，ここまで「ガードレール」という言葉を使ってきているが，実際に道路脇に建てられているようなガードレールを建てるわけではないのは容易に想像していただけるであろう。では，場づくりにおける「ガードレール」とは，具体的には，一体何を指すのであろうか？　次の短い問いかけワークでそれを一つ実感していただければと思う。

問いかけワーク　どんな感じがしますか？——3つのタイプをプチ体験する

次のような3つの質問をされたとき，それぞれについてどのように感じますか？

問1：「あなたの好きなことを教えてください」

問2：「あなたの好きな食べ物を教えてください」

問3：「あなたの好きなデザートを教えてください」

　問1から問3に移行するに従って，問いかけの「範囲」，つまり答える範囲が狭くなっている。これをガードレールに見立てれば，問1から問3に従ってその幅が狭くなっていると捉えることができる。問3の次に「デザートの中で，洋風のものと和風のものから一つずつ好きなものを教えてください」と問えば，問いかけの範囲はさらに狭くなるであろうし，「好きなデザートと嫌いなデザートを教えてください」と問えば，広くなる。問いかけによって「答える範囲」が広くなったり狭くなったりしているのである。このような「問いかけの仕方」によって変わる答えの範囲を，「ガードレール」としての幅が広がったり狭まったりしていると見立てると，問いかけがガードレールとしての役割（あるいは機能）を果たしていることに気付くであろう。すなわち，どのように問いかけるか，それも立派な一つのガードレールなのである。その場のゴールに相応しい，狭すぎず，かつ広すぎない問いを立てられるか，そのようにも言い換えられる。

　ファシリテーションやワークショップでは，付箋紙を使う，模造紙に書くという活動を

よく組み込むことがあるが、これらもある意味、ガードレールとしての役割を担っている。ただ、ここで気を付けていただきたいのは、付箋紙を使うこと＝ガードレール、という公式は成り立たないということである。常にそれを使う意味があるかどうかを考えながら付箋紙や模造紙を使うのでなければ、逆にそれらがガードレールとして機能しないどころか、何のためにこんなことをやっているのだというモヤモヤした気持ちを参加者に抱かせかねないのである。この辺りについては、次章でさらに詳しく述べていく。

2.4 教育方法の3つのタイプとリーダーシップ

さらに先の教育方法の3つのタイプは、リーダーシップの3つのスタイルに概ね対応するものではないかと思われる。中城（2006）では、リピットとホワイトの研究を紹介しているが、これによれば、教師のリーダーシップには、「独裁的」「放任的」「民主的」があるということである。表1-2にその概要を示してある。

この表と先の教育の3つのタイプを比較してみると、「独裁型」は「線路型」、「放任型」は「放牧型」、そして「民主型」は「ガードレール型」のイメージに近いものと思われる。これらの3つの関連性を考えるときには、「ガードレールの幅が狭いと線路型、広いと放牧型」というイメージ図で考えた方がわかりやすいだろう。なお、このリーダーシップの表を見て、一人の人がリーダーとファシリテーターを両立できるのかという疑問が沸き起こるかもしれない。これについては、「ファシリテーター型リーダー」（リース、2002）という新しいタイプのリーダーのあり方が提起されてきており、どちらかという二項対立的な

表1-2 3つのリーダーシップの特徴 （中城, 2006）

独裁的	民主的	放任的
1. リーダーによって方針は全て決定された。	1. 全ての方針は、グループの問題として討議され、決定された。それはリーダーによって激励され、援助された。	1. グループのあるいは個々の決定においては完全に自由であったし、リーダーの参加は最小限であった。
2. 技術と活動のステップは権威によって1度に1つずつ指図された。そのために、先のステップは全体としていつも不確かなものであった。	2. 活動の見通しは討議の時間内で得られた。グループの目標に達するための全般的なステップの見取り図が描かれた。そして、技術的アドバイスが必要な時には、リーダーは2つかそれ以上の選択的なやり方を提案して、その中から選択を行い得るようにした。	2. いろいろな材料はリーダーによって提供された。リーダーは、求められた時には、情報を与えるということを明言しておいた。リーダーは、仕事上の討議において、何の役割をも果たさなかった。
3. リーダーは、通常、個々の作業課題と各メンバーの作業仲間を決めた。	3. メンバーは、どのような相手を選んでもよく、その相手と活動するのは自由であったし、また仕事の分担はグループに任されていた。	3. リーダーは作業に全く参加しなかった。
4. 支配者は、各メンバーの仕事に対して「個人的」に賞賛を行ったり、批判を行ったりする傾向があった。また、実演する場合以外には、活動的にグループに参加することから離れていた。	4. リーダーは、賞賛や批判を行うにあたって、「客観的」で「現実的」であったし、また仕事に関して過度に行うことはなく、気持ちとしては正規のグループメンバーの一員としてあることに努めた。	4. 質問されない限り、リーダーは、メンバーの活動について自発的にコメントを述べることは稀であったし、またその作業の成り行きを評価したり、調整することは企てなかった。

考え方ではなく，ファシリテーターとして振舞えるリーダーであることが充分可能であることが示唆されている。

> **問いかけワーク** 　**自分の現場を見直してみよう**
> 　　　　　　　　　──ガードレールは丁度良い「幅」か？
>
> 　最近自分が関わった場づくり（授業，セミナーなど）を思い出してください。その場は，ゴールが明確で参加者が生き生きと活動していましたか？ "ガードレール"という視点から見直したときには，その場のガードレールは丁度良い幅であったと思われますか？ もし答えが「いいえ」ならば，それはなぜでしょうか？
>
> あなたの回答

2.5　ファシリテーションとは，意味ある場づくりのためのノウハウ

　星野（2010）によれば，「ファシリテーションの対象となるものは個人とグループ」であり，「広い意味での"学習"を援助促進すること」ということである。教育という場面においては，まさに「個人の力を引き出す」ための，グループを対象にした場合には，そのグループが集結している目的（ゴール）に沿って様々な形で「グループの力を引き出す」ためのノウハウということである。補足的になるが，昨今様々な領域で声高に言われる「関連機関との連携」を促進するためのノウハウとしてもファシリテーションは活用できる（三田地，2009）。

　言い換えれば，個人であれ，グループであれ，ある場に参加した人たちにとって，その場が「意味あるもの」つまり何かを獲得したり，何かを生み出したりといった何らかの次のステップとしての「行動変容」が生まれるためのしかけづくり，これが広い意味でのファシリテーションと捉えられる。逆に意味のない場とは，その場にいても何もならない，身にもつかない，何も生み出されない，そういう場にほかならない。

　ファシリテーションを行う人のことを「ファシリテーター」と言う。「安全・安心な場を作り，場を守り，場に委ねる」（中野，2004），「人と人とのインタラクション（相互作用）を活発にし，創造的なアウトプットを引き出す人」（森，2004）などと定義される。
　「ファシリテーション」の考え方やノウハウはこの10年程の間でビジネスの世界で「うまく回らない会議をいかに活性化するか」という問題を打破するものとして，広く注目を集めてきている。うまく回っていない会議とは，言い換えれば「参加者皆が無駄と思って

いる会議」「意味のない会議」「だらだらしているだけの会議」などであり，それらをいかに意味あるものにするのかというところでファシリテーションを活用しようということなのである。会議の場合は，終わったときに具体的な行動計画（各自が次に何をすればよいのかが明確になっているプラン）ができ上がっていないと，何も先に進まない。ただ漫然と集まるだけの会議では，参加している人が「意味がある」と感じられるものにはなりにくい。

そのような場に，ファシリテーションのノウハウを活用することで，その場を通り抜けたときに個人であれ，グループであれ，何か具体的に行動が変わっている（変わるためのプランができている），これがファシリテーションの効果なのである。

3 なぜ，そこまで「意味ある場」にこだわるのか？ ——豊かな人生のために

この答えはいたってシンプルである。それは，私たちの人生には「限りがある」からである。「そのとき」がいつかはわからないが，誰の人生にもいつか必ず終わりが来る。この限られた人生の限られた時間を有意義に過ごすために，そのとき，そのときを大事にしていくこと，それがひいては自分の，そして他の人の人生を大事にすること，豊かにすることではないだろうか。ファシリテーションは私たちのこの限られた時間をできる限り意味あるものにするためのツール，そう位置づけている。

第2章
ファシリテーターの5つの心得
――2W3Bのマインド（志）

　意味ある場づくりのためのノウハウとしてファシリテーションを活用していくためには，常に気を付けておかなければならない心得と，場面場面で使い分ける必要のある，いわゆるスキルがある。本章では，ファシリテーターとして常に気を付けていなければならない5つの具体的な心得を紹介していく。常に配慮しモニターし続けておくという意味で，スキルではなくファシリテーターの「心得」あるいはマインド（志）とした。

1　スキル（技）を活かすために必要なマインド（志）とは？

　ファシリテーションを遂行する，つまりある場を「準備し」，本番の場を「ホールド（保持）し」，そして終わった後の「フォローアップ」までを実践するためには，様々な「技」（スキル）が必要である。しかし，ファシリテーションに限らず，このような特に対人に関わる場面を司る人には，技を本当に生きたものにするための「志」（マインド）が必要である。

　エイミー・ミンデルはその著書『メタスキル』（2001）の中で，スキルとマインドの関係について次のように述べている。

> 　セラピーは，単なるテクニックや理論，あるいは哲学の問題ではない。それは自分自身と他の人々に対する，セラピストの感情の問題である。セラピストが何を感じ，ワークにその感情をどのように用いるかは，彼女がどういう人であるか，人生をどう生きているかを明らかにする。彼女の心の底にある信念と感情は，あらゆるテクニックが生まれる土壌である。(p.15)

　エイミー・ミンデルがここで言わんとしていることは，セラピーがどういうものになるかは単純にテクニックで規定されるのではなく，そのセラピストの信念と感情によるということである。エイミー・ミンデルが対象としているのは，心理療法の領域であるが，上記で述べられていることは対人的な関わりを行うファシリテーターにも共通する点である。よくファシリテーターの間で「優れたファシリテーターとは，場の空気が読める人」という表現がなされることがあるが，この「場の空気」をつくり出しているものは，そこ

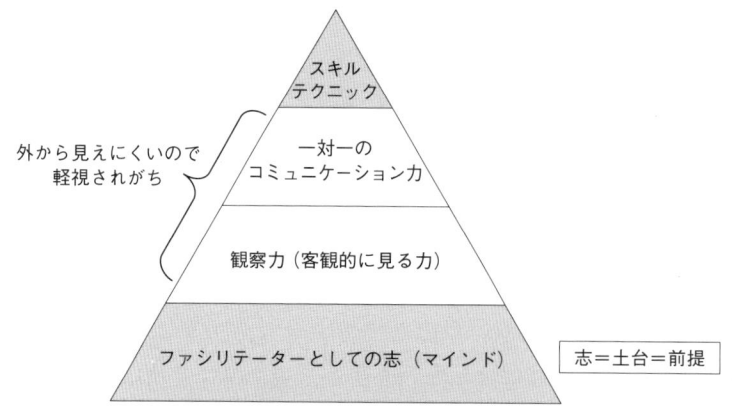

図 2-1　ファシリテーション遂行のために必要な能力ピラミッド（三田地, 2009 を改訂）

の場を共有している人々の感情の流れに他ならない。そして，ファシリテーターもまた感情を抱えた一個人としてその場の一部となっている。その場から完全に独立した形でのファシリテーションというのはあり得ない。

　図2-1 は，ファシリテーターに必要と考えられるいくつかの主要な要素を図示したものである。一番上は最もわかりやすい，つまりはっきりと見えやすい「スキル」あるいは「技」の部分である。例えば，付箋紙を使って意見を出してもらうという方法などは具体的なスキルにあたる。一番下が「志」あるいは「マインド」の部分であり，この部分は大切だけれども，どのように実現すればよいのかが具体化しにくい部分でもある。特に教育現場では「何より教師としての志が大切」，あるいは「最後は人間性だよね」という話もよく聞かれる。高い志を持つこと，それはもちろん大事なことであるが，高い志を持っているだけでは良い授業もクラス運営もできない。「人間性」という表現も同じである。そこには高い志，あるいは人間性を具現化するための具体的な「技」（スキル）が必要になってくる。志のないままスキルだけを使ってもうまくいかないが，スキルのないまま志だけ高くても何も変わらないというのもまた事実である。結局，スキルとマインドというのは車の両輪のようなものであり，どちらかだけで全てがうまくいくということはないのである。

　そこで，図2-1 では，その高い志をスキルとして現実化するためのつなぎとなる機能を果たすであろう必須の要素として「観察力」と「一対一のコミュニケーション力」を志（マインド）とスキルの間に入れ込んである。観察力とはその場で何が起きているのかを客観的に見極められる力であり，コミュニケーション力とはその見極めた視点から，次に自分がファシリテーターとしてどのように振舞えばよいかをうまく場に伝えられ，かつその場にいる人の主張をきちんと正しく理解できるということを意味する。この観察力とコミュニケーション力については，第5章で改めて取り上げ，トレーニングの方法を含めて解説してあるので参照されたい。

2 5つの心得
——常に実行しておかなければならないこと

　ファシリテーターとして，いかなる場においても実際の行動として実行する「前に」，あるいは実行「しながら」考慮しておかなければならない心得はたくさんあるであろう。しかし，その中から「特に重要ないくつか」を取り上げたものが次の5つの心得である。英語表現の頭文字を取って，2W3Bとした。これらは「こういう場面だから，これを使って……」といういわゆる「スキル」ではなく，常に実行し続けているという意味で「心得を実現する行動」として名付けたものである。以下，それぞれについて解説していく。

ファシリテーター5つの心得——2W3B

心得1：Why？（常に「Why？（なぜ）」と問いかけること）

心得2：Watch what happens（プロセスを見ること）

心得3：Be holding a BA (locus) safe and secure（安心・安全な場を確保すること）

心得4：Be Neutral（中立であること）

心得5：Believe what happens in your participants（参加者の相互作用を信じること）

2.1 心得1：Why？（常に「Why？（なぜ）」と問いかけること）

　マクロなレベルにおいてもミクロなレベルにおいても，自分の行動についても，また他者の行動についてもこの「なぜ？（Why？）」と問いかけながら場を進めていくことは最も大切なことの一つである。このことは，自分の行動に対しては，常に「なぜ，私は今このように振舞っているのか」と問いかけることであり，それはすなわち「自分の行動に根拠を持つ」ことである。そして，他者の言動に対しては，「なぜ，あの人は今あのように振舞っているのだろうか？」と問いかけ，その理由を自分に都合のよい解釈ではなく，「その相手の立場で理解する」ことである。このように自分の行動に根拠を持ち，かつ相手の行動の真の理解に向かう拠り所となるのが，この「Why？」という問いかけだ。

　マクロのレベルというのは，「この場は何のためにあるのか」，そもそもそこに人が集って何をしようとしているのか，という大きなその場のゴールという意味にあたる。例えば，シンポジウムやワークショップ，授業や研修・セミナーなどいろいろな場にはその場の大きなゴールがあるはずである。これが明確でなければ，集った人たちに「一体，この場は何のためのものなのか？」というモヤモヤした感じを抱かせてしまうであろう。連続的な講座や企画の場合には，全体を通しての目指すところと，毎回の講座での目指すところの整合性があるかどうか，また全体としての流れがどうなっているのかをしっかり確認しておかなければならない。

　マクロのレベルから少し範囲を狭めたミドルのレベルとして，その日のゴール，あるいはある活動のゴールといった，もう少し小さなまとまり（活動単位）でのゴールを明確にするということがある。

　その日のゴールは何なのか，ある活動をこのタイミングで行う根拠は何か，これらをミドルレベルのゴールとしておけば，わかりやすいであろう。マクロのレベル，ミドルのレベルのゴールは，ファシリテーションの時間的なプロセスでいえば，プログラムデザインを行う「準備の段階」でかなりの部分については，考慮し，準備しておくことができる。この辺りのノウハウについては，次章で詳細に述べていく。

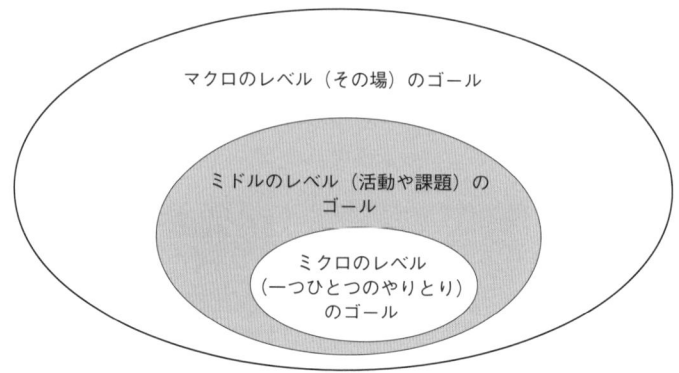

図 2-2　心得1「Why？（なぜ？）」の3つのレベルのゴール

ミクロのレベルとは，まさに「ミクロ」の「一つひとつのやりとりのレベル」を指している。つまり，「今，なぜこの問いかけをするのか」「今，この場で起きているのはどのようなことで，だから自分は次にどのような動きをしなければならないのか」という自分の発話行動を含めた行動についての「根拠を持つ」ということになる。および，その場の参加者の一つひとつの言動についても理解するということになる。以上の3つのレベルを図2-2に図示した。このマクロ，ミドル，ミクロの3つのレベルにおいて常に「Why？」という問いを自らに問いかけ続けること，これが心得1となる。

問いかけワーク　自分がファシリテーターとして関わっている場について，3つのレベルの Why？を書き出してみよう！

取り上げた場：＿＿＿＿＿＿＿＿＿＿＿＿＿＿＿＿＿＿＿＿

あなたの回答
- マクロのレベル（そもそも何の場か）：

- ミドルのレベル（代表的な活動）：

- ミクロのレベル（最初に何を話すか）：

ミクロのレベルについては，第5章の図5-3（p.110）に，具体的なやりとり例を示してあるので参照されたい。どのような場面においても，このやりとりのプロセスが展開しているのであり，このプロセスをしっかり見られるようになることはプロセスに関わるファシリテーターとしては必須の基礎力であり，次の心得2，および第5章のコミュニケーションのところにおいても詳しく述べていく。

> **Column** "根拠なきスキル飛びつき型"とは思考停止状態
>
> スキル流行の現在は，そのスキルの「意味」をよく考えないままに，短絡的にスキルを使うことに飛びついてしまう傾向がないとは言い切れません。例えば，ファシリテーションの代表的な活動にアイスブレークというものがあります。これは，初対面の人が集った場の緊張感を解きほぐすために用いるのが一般的な使い方です。しかし，これをよく考えずに用いると「あ，そうか，初対面の人が集まっているときには，アイスブレークをすればよいんだな」という風になりがちです。
>
> その場に集っている人がどういう集団なのか，そこにはどのようなアイスブレークの活動が相応しいのか，それはなぜなのか，そのアイスブレークを行った後の活動とアイスブレークとのつながりはどうか，など実際にあるアイスブレークを導入する前に考えなければならないことはたくさんあります。
>
> こういうプロセスを省略して，「初対面の人にはアイスブレーク」と考えるような思考パターンを「根拠なきスキル飛びつき型」（三田地，2009）と呼んでいます。実際，初対面の人が集っているときに「これからアイスブレークしまーす」と宣言したことで，逆に場がフリーズした例があったそうですが，これは自らの行動「アイスブレークと参加者に今伝えるべきかどうか」についての考察もないまま無目的に発言してしまった例と言えましょう。
>
> 自らの言動を含めて，活動の選択，大きなその場のゴールなど，様々なレベルで意味を考えることが重要なのです。

2.2 心得2：Watch what happens（プロセスを見ること）

自分がファシリテーターとしてであれ，参加者としてであれ，ある場に参加しているときには，必ずその場では自分の目の前で繰り広げられている実際の出来事というプロセスと，自分がその場をどう「捉えているか」という2つの「プロセス」が展開している。「プロセス」というのは文字で伝えることの大変難しい概念ではあるが，話合いの場を例にとれば，「何について話しているか（What to discuss）」（これがコンテンツにあたる）と「どのように話合いの流れが進んでいるか（How to discuss）」の後者がそれにあたる。授業であれば，「何を教えているか（What to teach）」と「どのような流れ（シークエンスとも言う）で教えているか（How to teach）」の後者がプロセスである。同じテーマを扱っていても話合いの持ち方，教え方には何通りもの方法があり，そのHowの部分，つまりプロセスに着目することがファシリテーターにとっては必須なのである。

ファシリテーターとして場に関わっていくときは，特にこの「その場で何が起きているのか」をしっかり見ることが肝要となる。先の「根拠なきスキル飛びつき型」のコラムでも解説したように，「その場で起きていること」が見えないままに「あ，このスキル（あるいは活動）を使えばうまくいくのだ」という考え方で様々なスキルや活動を実行してもそれがうまくいくとは限らない。心得1の「根拠を持つ」ためには心得2の「その場で何が

起こっているか」をきちんと見極めて「今は〜〜という状態だから，このスキルを使ってみよう，この活動を行ってみよう，こう行動してみよう」という流れにならなければならない。

図 2-3 には，場を構成する 3 つの要素を図示した。場は，何をテーマに扱っているのか（コンテンツ，テーマ，内容）とそこに流れる時間のプロセス（過程），そしてその場に参加している人（参加者）が存在して成り立つものである。ただ，漫然とその場を見るのではなく，これらの要素の一つひとつを丁寧に見ていくことがファシリテーターとしては大事な視点である。

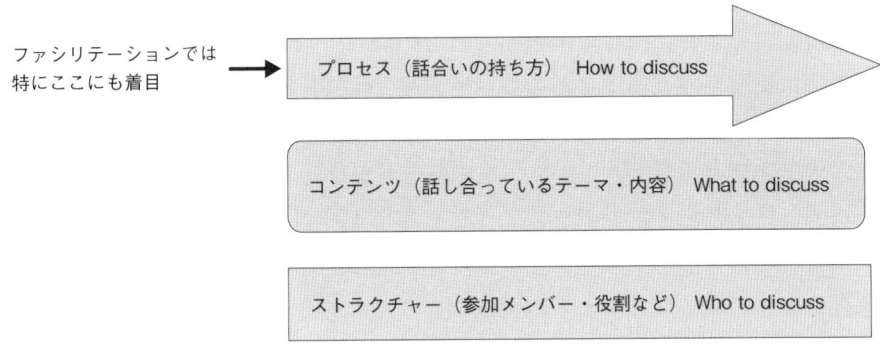

図 2-3　場の 3 要素：プロセス（過程），コンテンツ（内容），ストラクチャー（参加者）（参考：シュワーツ，2005）

1）2 つのプロセス──外のプロセスと内なるプロセス

プロセスを見る際に，さらに大きく「外のプロセス」と「内なるプロセス」の 2 つの視点が大切なポイントとなる。「外のプロセス」とは，その場で何が起きているのか，といういわば自分の外側で起こっている「プロセス」のことであり，「内なるプロセス」とは自分の内側で何が起きているのかという「プロセス」である（図 2-4 参照）。

通常は単に「プロセス」と一括りにされて語られることが多いが，ファシリテーターとしては，このプロセスを自分の外側で起きていることと，内側で起きていることに分けて観察することが必要となる。この外のプロセスと内なるプロセスを観察するトレーニングについては，第 5 章の観察力のところを参照されたい。

2）外のプロセス──客観的な事実レベル

自分の外側で起きていること，つまりいわゆる客観的な事実と言われるものはこちらに相当する。ただ，厳密に本当に事実を記述するということは難しく，あくまでもファシリテーターとして場に関わっていくために必要なレベルと限定しておく。自分の行動もその場の他の人から見れば「外のプロセス」となるので，自分の行動もできるだけ客観的に「私は〜〜と発言した」のように記述すると良いだろう。

3) 内なるプロセス——自分の感情のモニタリング

　ファシリテーターの役割がその場を活性化したり，効率よく，効果を持つように場の流れを展開させたりすることであるのならば，その場で何が起きているのかをよく見ることのみならず，なぜ自分の内なるプロセスをもモニターをしておく必要があるのだろうか？それは，先に紹介したエイミー・ミンデルの言葉にある通り，結局はその場の雰囲気，空気というものはそこに集った人の「感情」によって織り成され醸し出されているものであり，その感情をつくり出している一要因として，ファシリテーターの「感情」も含まれるからである。

　ファシリテーターが自分の内なるプロセス，言い換えれば自分の感情の流れを把握しないまま場に臨んでしまうと，自分の焦り，自分の怒り，自分の欲望などが知らず知らずのうちにその場に影響を与えることとなる。例えば，参加者の誰かが「あなたのやり方では，私はやりたくない！」と言ってきたときに「やった！　嬉しい！」と喜ぶ人はまずいないであろう。大抵の場合「やばい，私のやり方がまずかったか！？」と焦ったり，「そういう意味じゃなくって……」と言い訳をしようとしてしまったり，あるいは相手に対して「そんな勝手なことを言うなんてけしからん」といった怒りが湧いてきたりするはずだ。

　この焦りや怒りといったマイナスの感情をきちんとファシリテーターが自覚しないまま次の行動に移ると，多くの場合「防衛的な反応」，つまり自分の言動に対する自己弁護のような反応が出てしまいがちになる。例えば，「そんなことはないです。私は〜〜という理由でこうやっています」という具合にである。このような返答の仕方をすると最初に発言した本人の気持ちの部分は全く受け止められず，「いや，そんなことはない私はあなたのやり方の〜〜というやり方に不満があります」とさらに相手の追及が強まってしまう可能性が高くなる。ファシリテーターの側は，そう言われれば言われるほど，さらに防衛的な反応をとる……こうしてお互いにわかり合うためにやりとりをするのではなく，どんどん言い訳合戦，あるいは相手の弱点を追及していく，負のスパイラルに陥ってしまうのである。

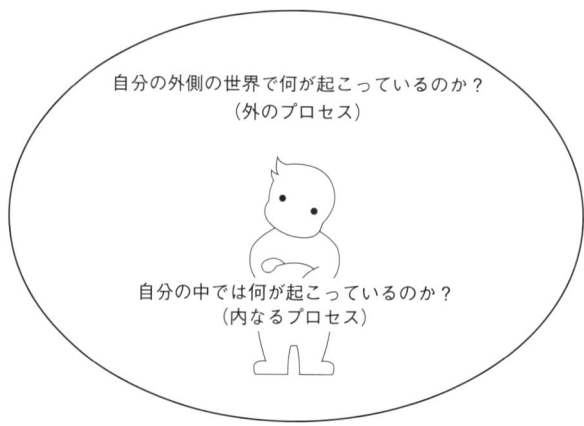

図2-4　外のプロセスと内なるプロセスのイメージ図

このような状態に陥らないためにも，ファシリテーター自身がまず「自分の中で何が起きているか」，すなわち「自分の感情のモニタリング」を常に行い続けることが大事なのである。

4）感情のモニタリング（メタ認知）──快と不快の間で揺れる気持ち

ファシリテーターも人間であるから，常に全く感情の揺れなく冷静に対処できるとは限らない。そもそも人間は感情と共に生き続ける，いわば「感情の動物」であるから，感情を抑え込むということは不自然な様式になってしまう。そこで内なるプロセス，つまり，自身の感情のモニタリングをずっと行い続けることが必須となる。心理学的にはこのように自分の内なるプロセスを見つめることは「メタ認知」[4]と呼ばれるものに相当する。さらに，感情とは基本的には「快（プラスの感情）」か「不快（マイナスの感情）」という２つの感情が基本となって様々なものに分化していく。図 2-5 は，この分化の様子を図示したものである。成長するに従って，感情を表す様々な言語表現が表れてくるが，基本的には快か不快かのどちらかに分類できるということが図からも見てとれよう。「愛情」「喜び」などは「快」から分化したもの，逆に「怒り」「恐れ」などは「不快」から分化したものである。

つまり，大人であっても感情としては，快か不快かの間をゆらゆらと揺らぎながら時間は流れており，これをしっかり見るということが「内なるプロセス」を見るということな

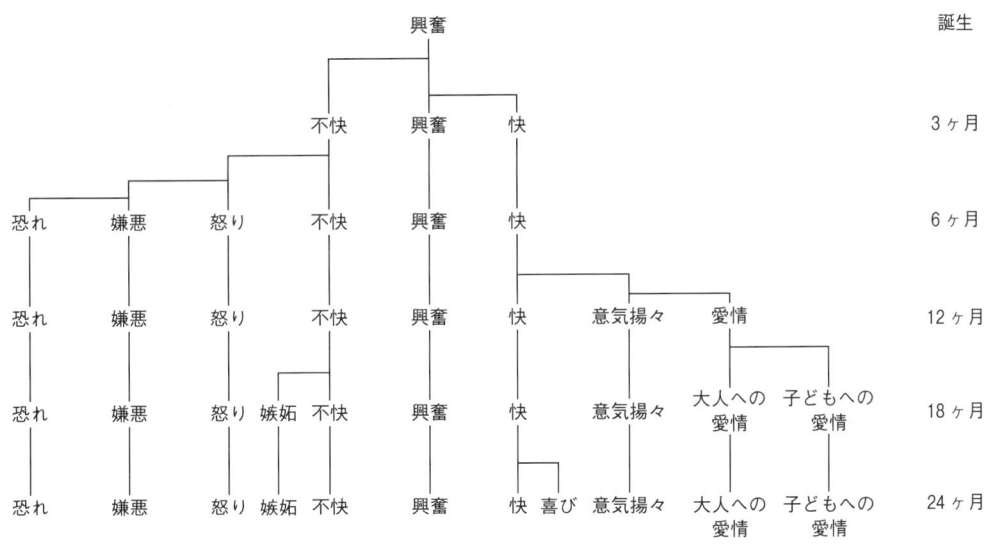

図 2-5　感情の分化の図（Bridges, 1932）

ブリッジェスは乳児期の情緒生活を観察し感情の分化・発達を図のようにまとめた。彼女によると５歳代で大人とほぼ同等に分化・発達するとのことである。

---

[4] メタ認知とは，「わかっていることをわかっている」「知っていることを知っている」という具合に，自分自身の認識の状態をさらに一つ上のレベルから見ているような状態を指す。メタ（meta）とは，「高次の」「超」という意味の接頭辞。

のである。

　この揺れ具合を模式化したのが図2-6である。「とても快」から「とても不快」までの間のどこに私たちの感情がそのときに位置しているのか，「→」で仮説的に示してある。この本を読んでいらっしゃる「今」はどうであろうか？　少し「快」の方に針が触れているくらいであろうか？

　実際の場によっては，開始最初から不快の方に大きく感情が揺れている参加者が大勢集っているときもあろう。そのようなときには，自分も焦りを覚えて，感情が不快の方に揺れてしまうのは仕方がない。大切なことは，その自分の内なるプロセスを「じーっとモニターすること」で，「あ，今自分は少し焦っているな……」と気付くことなのである。その場のかもし出すムード（雰囲気）に無自覚のまま巻き込まれないということである。

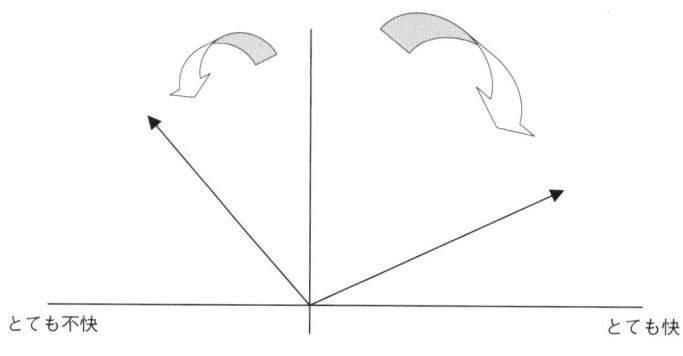

図2-6　快と不快のレベルバロメーター

問いかけワーク　内なるプロセスを見てみましょう

　あなたがこれから誰かとやりとりをする中で，焦ったり怒りが生じたりしてきたときに次のように整理してみましょう。

> あなたの回答
>
> ・どんな場面：
>
> ・どんなやりとり：
>
> ・そのとき，「あ，今，自分の感情がマイナスに揺れたな」と気付けましたか？
>
> ・気付けたときの対応：
>
> ・気付けなかったときの行動：

5) 内なるプロセスのモニタリングを怠ってしまったときのリスク

　この外と内のプロセスを見るということを怠ると，自分がその場に巻き込まれてしまい，場を守るファシリテーターとして関わることが難しくなる。かつて筆者自身もこの事態に見舞われたことがある。それは前々から非常に自分も興味のあるテーマについてのワークショップにファシリテーターとして参加したときのことであった。その場のプロセスを見る，自分の感情の動きを見るはずのファシリテーターであったにもかかわらず，話の議論の中身に「感情的に」なって参加してしまい，場の全体のプロセスを見る，自分の中で起きているプロセスを見るということの両方が疎かになってしまった。最後には，特定の個人が複数の参加者から責められるような雰囲気になってしまいそうになっていた。

　そのときに，ある一人の参加者が「この場は一体どういう場なんですか？」という問いかけを場全体に発した。その瞬間，私は「はっ！」と自分がファシリテーターとしての立場を忘れ，話の中身に入り込み（これを「コンテンツに入り込む」という言い方をすることもある），自分がそのテーマに対して非常に感情的になって行動していることに気付かされた。あのときの自分の内なるプロセスを表現すれば，まさに「目が覚めた」としか言いようがなかった。つまり，自分の内なるプロセスのモニターが全くできていない状態だったのである。

　これは，プロセスを見ることの難しさと大切さを改めて筆者自身に何度も考えさせるエピソードとなった。加えて，このエピソードは「自分はファシリテーターとして，まあまあやれるじゃないか」と奢る気持ちが出てき始めた，丁度そのタイミングで起こった。さらに本音の話を書けば，このエピソードに遭遇する少し前から本書の原稿を書き始めていたのだが，この出来事によって，全く筆が進まなくなり，リカバリー（快復）するまでに約2年の月日を要した。

　このような自分がファシリテーションの本など書く資格はない，一から出直し，やり直しだ……という想いでいっぱいであった。幸いなことに，たまたまその場面はDVD録画をしていたことから，第5章でお伝えするプロセスの見直し，意図の確認などをその場に参加してくれていたファシリテーションの仲間と一緒に行った。録画された場面には確かに「プロセスを見る」ということを忘れて行動している自分の姿が写し出されており，最終的にどうして参加者の一人が「この場はどういう場なのか？」と問うに至ったのかのプロセスが見事に描き出されていた。突然，その発言が沸き出たのではなく，何回もミクロのやりとりがかわされたその結果，それまでのプロセスを見るに見かねて，その人からその発話が引き出されたということがとてもよくわかるプロセスであった。

　何か自分にとってマイナスに響くような発言や行動が参加者から発信されたとき，それは突然起こったのではなく，そこに至るまでの「プロセス」があるのだという前提で理解していかなければ，「あの人は場を乱す失礼な人」というレッテル貼りを安易にファシリテーターがしてしまう可能性がある。そうならないためにも何がその場で起きているのかの時間の流れのプロセスをしっかり見続けるということが大事なのである。

Column　ネガティブな発言が出されたことの意味づけ

　どのような場であれ，参加者がファシリテーターに対して批判的な発言，いわゆるネガティブな言動を表明してきたら，その場に関わっているファシリテーターとしてはごく自然に焦る気持ちが湧き起こるでしょう。このような「ネガティブな言動が生まれることの意味」について，中野民夫氏は次のように述べています。

　「そういう言動が出るということは，その場ではその言動を受け止めてくれると，発言している本人も無自覚かもしれないけれども，感じているからなのではないか」

　この言葉を聞いた後，自分自身が参加者のネガティブな言動を受け止める受け止め方がガラッと変わりました。確かに「その場でその発言をしても，大丈夫」そういう前提——これが心得3の「安心・安全な場」に関わるのですが——がなければ，発言自体が出てこないでしょう。そして，その場が終わった「後に」内輪で悪口の言い合いのようになる可能性が高いでしょう。
　このように考えると，ネガティブな言動に対しては，「その場でよくそんな言いづらいことを言ってくれた」とまずその発言を表に出してくれたことそのものをしっかりと受け止めることが多少やりやすくなるのではないかと思います（が，正直なところ，ネガティブな発言は今でもキツイものですが）。
　全てのことには意味がある，これはネガティブな言動にも当てはまるのですね。

2.3　心得3：Be holding a BA（locus）safe and secure（安心・安全な場を確保すること）

ファシリテーションでは最終的に何を目指すのか。この問いに対する答えの一つが心得3の「安心・安全な場の確保」ということである。ファシリテーターは心得2で述べたように「プロセスに関わる」役割を担う。そのときに何を行動の指標とするのか，そのチェック基準は「安心・安全な場」であるかどうか，ということである。では，この「安心・安全な場」とはどういう意味なのであろうか。

> **問いかけワーク**　安心・安全な場について考えてみましょう
>
> あなたにとって，安心・安全な場とはどういう場でしょうか？　逆に，安心・安全ではないと感じられる場合とはどういう場でしょうか？

```
あなたの回答
・安心・安全と感じられる場：

・安心・安全ではないと感じられる場：
```

「安心・安全な場」とは一見わかったような気持ちになるフレーズではあるが，実は具体的に参加者のどのような行動がそれを支え，どのような行動がそれを阻害しているのか，まだまだ明確になっていないものである。ここでは各自の感じ方を基準に，どのような場を安心・安全と感じるか，そうでないと感じるのはどのような場であるか，これらを整理することで，安心・安全な場の具体的なイメージを浮き彫りにすることをまず始めの一歩としてはどうだろうか。また，可能であれば，「安心・安全な場と感じられる場のイメージ」「そうでない場のイメージ」というのを皆で出し合うワークショップ[5]を行ってもよいだろう。

　■安心・安全と感じられる場のイメージ（例）
　　・意見を言っても非難・批判・否定されない
　　・自分の意見を率直に，自由に言うことができる
　　・雰囲気が明るい　　　　　　　　　　　　　　　など

---

5) ワークショップについては，第5章を参照のこと。

■安心・安全ではないと感じられる場のイメージ（例）
・自分の本音を押し殺してしまう
・自分が意見を言うと否定される，無視される
・場の雰囲気が暗い，険悪　　　　　　　　　　　　　　　など

　また，一般に「安全」は物理的に確保できるある程度客観的な側面のことがらを表すときに使われ，一方「安心」とはもっと主観的な心理面に関与することがらに使われる。「場」についてもこの両面を考慮しておく必要がある。特に「安心な場」であるかどうかはファシリテーターの微細な言動で参加者に伝わってしまいがちである。ゆえに場をホールドするファシリテーターは，その場が「安心・安全な場であるかどうか」のモニターを常に行いながら次にどのよう言動をとるかを決定していかなければならないのである。その場のゴールがどのようなものであれ，各自の意見をお互いに誤解されることなく伝える，そしてお互いの意見を誤解なく理解するということは，実は非常に難しいことなのである（詳細は第5章のコミュニケーションの節を参照）。安心・安全な場はそういうコミュニケーションを可能にすることを最低限担保するものなのである。そして，それを担保するのがファシリテーターの立居振舞いなのである。

**Column　「自分の意見を何でも自由に言っていい」の取り違え
　　　　　――攻撃とは違います！**

　「自分の意見を自由に言ってもいい」という表現は，次のように取り違えられることがあります。それは「好きに言っていいのだから，他の人を攻撃するような言い方でも何でもしてもいいのだ」というようなものです。
　これは「自由」のはき違えた理解と言えます。自由に言っていいということは，「お互いに，頭ごなしに否定・批判・非難しない」というルールの上に成り立つことです。ある意見に対して，自分は賛成できないというときに，「そんな意見，全然ダメじゃないか！」という言い方をして，相手に受け入れられるでしょうか。答えは明白です。
　反対意見を含めて，相手と異なる意見も相手を傷付けないように，かつ誤解なく伝えるというのは，相当なコミュニケーションの力が必要です。大事なことは，お互いに「真にわかり合うために」こうやって意見を交換しているのだという基本スタンスを共有し，それを感じさせるような物の言い方ができることです。
　このような意見を交換できるような場では，人々は本当に安心して発言することができるようになってきます。誰でも自分の発言を頭ごなしに叱られるような表現で対応してもらいたくないですよね。

2.4　心得4：Be Neutral（中立であること）

心得の4は「ファシリテーターは中立であること」である。これに関して，日本のファシリテーションの第一人者の一人である黒田氏はファシリテーターを次のように定義している。

　　中立的な立場で
　　チームのプロセスを管理し
　　チームワークを引き出し
　　そのチームの成果が最大となるように支援する　（黒田，2002, p.2）

実際「中立的」とはどのような内容を指すのであろうか。これは，ファシリテーターとは，意見の違う人あるいはグループに対して，どちらかに肩入れすることなく，あくまでも話合いの「プロセス」に関わるということが語義上の意味である。主義主張の違いに対しても中立の立場で接する，どちらか一方の主張にだけ肩入れすることはしないということだ。

この「中立な立場で」というのは，実際にファシリテーターとして様々な場に関わっているとかなり難しいことが実感されよう。仲良しクラブのような中での楽しい話合いならばともかく，主義主張が激しく対立するような場面にファシリテーターとして関わるというのは，実は並大抵な精神力ではできないものである。このような例は，『紛争の心理学』（ミンデル，2001）の中に詳しいので，是非参照されたい。

問いかけワーク　中立について考えてみましょう

あなたがファシリテーターとして，中立であるのが難しかった場は，どういう場だったでしょうか？　そういう場合に，感情的にならずに中立であり続けられたでしょうか？　もし難しかったとするならば，それはなぜでしょうか？

> あなたの回答

筆者が一個人としてある主張に反対という意見を持っていながらファシリテーターとして場に臨んだときに，まさにこの「中立」であることが揺らいだプロセスとなってしまっていた。そのときに，自分の内なるプロセスをもっと冷静にモニターできていれば，感情

的に巻き込まれずに済んだのではないか，改めてふり返るとそう気付かされる。特に感情的な意見の対立がある場面に臨む場合には，心得2「プロセスを見る」，特に自分の内なるプロセスを見るということをしっかりと行わないと，この心得3の「中立」を保つことが難しいことを覚えておきたい。

2.5　心得5：Believe what happens in your participants（参加者の相互作用を信じること）

ファシリテーターの心得その5番目は，「参加者の相互作用を信じること」そして，

「最後は，その場に委ねること」

ということである。これは，中野民夫氏の言葉である。ファシリテーターとして，様々な形でプロセスには関わるけれども，最終的には参加者の相互作用の力を信じる，そして，その場に委ねる，つまりファシリテーターが自分の思い通りにその場をコントロールしようとせず，参加者が率直にそして存分にやりとりする中で立ち上がってくる相互作用の力を信じる，ということを意味する。話合いの場であれば，最終的な結論は参加者が自ら導き出すことであり，ファシリテーターがいわゆる「落とし所」に持っていくのでは決してないということである。これは教育の現場においても同じである。教師としては教えなければならない様々なことはあるにしても，最後は子どもたちの力を信じてその力を最大限に伸ばすことを基本とするということが肝要なのである。

問いかけワーク　その場に委ねることができましたか？

あなたは，これまでに自分の思う方向に話合いの場を持っていったことがありますか？どうしてそのように振舞ってしまったのでしょうか？

```
あなたの回答


```

　上記のワークは自らをふり返るために使っていただければと思う。そのときの自分の「内なるプロセス」はどうだったのか，そこをふり返ることで次の改善点が見えてくるであろう。仕事として誰かの依頼でファシリテーターを引き受けたとき，その依頼先の意向に

沿うように動こうとしていなかったか。もしそうであれば，最初に「自分にはそういうことはできない」と明言できなかったのはなぜか，それでも引き受けるとしたならば，依頼先とどのような話合いを持っておくべきだったのか，などなど具体的な示唆がたくさん得られるはずだ。

参加者を信じる，場に委ねる，その先はどうなるのか。前述の中野氏によれば，究極のファシリテーションとは，

「不在のファシリテーション」

であるという。これは，ファシリテーターがその場から「居なくなっても」その場はうまく機能して回っていくようになった状態になっているという意味である。ファシリテーションのノウハウを少し使えるようになると，「自分のおかげで場がうまくいった」という自分の手柄のように思う気持ちが湧き起こることは誰にでも起こり得る。このように思うレベルでは，その場の主役が実は参加者ではなく，「自分」であったりするのである。本当に参加者を信じ，委ねることができたとき，それはその場を本当の意味で手放せるときであり，それが「不在のファシリテーション」という言葉の意味するところである。

あなたは，その「場」を最後に手放せますか？

Column　最後に手放すことの難しさ──親として

　昨今，モンスターペアレントという用語がメディアで用いられることが少なくありませんが，これなども，「いつまでも子どもを手放せない親」の像がその背景にあるのではないかと推測されます。就職した後も欠勤の連絡を本人ではなく親が会社にする，というのはどう考えても過保護と言えましょう。挙句に，「うちの子どもにこんな仕事をさせて！」とクレームを言うようになれば，これは立派なモンスターペアレントと言われても仕方がありません。

　子どもは小さい頃は親の庇護の下に育っていきますが，最後は親元から巣立っていき，自分自身の人生を歩み出さなければなりません。そのときに，親が本当に子どもを信じて「手放せるか」それが問われているのでしょう。

　そういう意味では，親も子どもの力を信じ，子どもの可能性を最大限に伸ばしながら長い間関わり，最後に手放す，ファシリテーターなのかもしれません。

3 行動に移すまでのシミュレーション ――行動実現プロセスループ

　以上，ファシリテーターとして常に心得として持っておかなければならない5つのポイントについて紹介してきたが，これらの5つの関係性を「行動実現プロセスループ」として図2-7に示した。この図は，ファシリテーターはその場を常に観察し（心得②），そして，その場に何か違和感がもたらされたときには，恐らく「安全・安心な場」であることを脅かす何らかの出来事があった可能性が高いので（心得③），それを素早く探し出すべく「なぜだろう？　何が起こっているのだろう？」と分析（心得①に戻る），次に具体的な一手をどう打つかの根拠を持って考えるというループを表している。解決の手立てのためには，何か特別なスキルを単発的にパッと使うということではなく，地道に「常にこのループをまわしている」ということになる。中立であること（心得④），参加者の相互作用を信じること（心得⑤）は，常に行動の規範となるものであるので，このループ全体を覆っている。

　まずその場で何を行うか，その根拠を明確にする（心得①）ところから，場のデザインが始まる。実際に場が展開している最中にはその場で何が起きているのか，自分の感情のモニターと合わせてプロセスを見続ける（心得②）。何かおかしいと感じられたとき，安心・安全な場の確保が脅かされていないか（心得③）のチェックを行い，もしそうだとしたら，すぐに「なぜ？　Why？」（心得①）に戻ってその理由を考えて，プロセスを見直し，具体的にファシリテーターとしてどのような振舞いをしなければならないかを瞬時瞬時考える，実はこのような秒単位とも言えるふり返りのプロセスをファシリテーターはずっと行っているのである。

　実際に筆者がこの行動実践プロセスループで危機的な場を乗り切った例を紹介しよう。

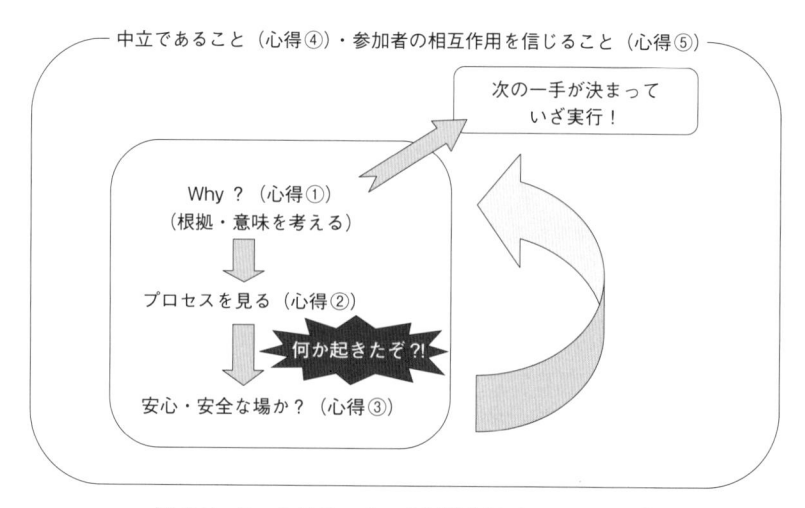

図2-7　ファシリテーターの行動実現プロセスループ

ある研修の最中のことである。筆者がその研修を行うこと自体は数回目であり，初回のときの緊張感が少し緩んでいた。しかし100名余の受講者は毎回初めて出会う人ばかりである。研修も中盤になり，「今日はなかなか良い感じの場だな」と思ったそのとき，複数の参加者から筆者の言動を非難するような発言が出された。瞬時に筆者は「やばい」と焦ったということを自覚した（心得②）。次に湧き起こった感情は「やっぱり，私が女性で頼りなく見えるから，なめられているのか」という他者に責任を転嫁するものであった。しかし，「いや，ちょっと待て，あの言動を引き起こすような，私の行動に何か問題はなかったか」とさっとプロセスをふり返り（心得②），自分の言動が場に慣れてきたためわずかに丁寧さに欠けていたということに気付いた。それは取りも直さず「安心な場」が脅かされていたと参加者の何人かに感じさせていたのではないか（心得③）という気付きであった。
　その一瞬のふり返りにより，「次からの言動は丁寧さをきちんと保たなければ」（次の行動の根拠を考える：心得①）と声のトーン（調子）にまで最大限気を配って行動したところ，先のような非難・批判といった言動はその後一切見られなかった。
　このように対応できたのは，行動実現プロセスループをくるくるとまわしたおかげであり，さもなければまず自分の言動の言い訳をし始め，参加者の訴えの真意を受け止められず，最後にもっと惨憺たる状況を招きかねなかったかもしれないと研修後に胸を撫で下ろした。この例からも示されるように，「頑張って良い場をつくろう」という掛け声や想いだけでは実際に良い場にはならない。「具体的にどういう行動（発話も含めて）を行うか」そのフィードバックを常に行うことが良い場づくりの礎なのである。そして，そのフィードバックを行うこと自体，ファシリテーターの大きな行動変容なのである。「意識改革」より「行動変容」と再三強調するのはこのためである。

4　「心得」は常にまわしているもの

　以上，ファシリテーターとして特定の場面で使うスキルではなく，常にくるくるとまわしていることが望ましい具体的な行動指針を5つ紹介してきた。この5つは特別な場を行うときだけではなく，普段の会話ややりとりの中でも役立つものである。例えば，家族や友人と話をしていて，「カチン」とか「イラッ」ときたときに，内なるプロセスを見ていれば（心得②），「あ，今の相手の言葉で自分はイラッときたな」という具合にそれに気付くことができる。そうすれば，イラッときて即座に感情的な言葉を吐く前に一呼吸おくことができる。そして，「なぜイラッときたのだろう？」とその意味を考えることができる（心得①）。大抵の場合，自分の感情がマイナスに揺れるときというのは，自分にとっての安心・安全な場が揺らいでいるときであり（心得③），それをきちんとキャッチすることで，負のスパイラルに陥ることを防衛できる。

「こういう状況のときに，次になんと言えばいいのか」ということをしっかりと考えてから次の一言を話し始めるか，いきなり感情的になって話をするかの違いである。この出だしの一言の違いが，その後の方向性を決めるほど大切であることを忘れないでいたい。

問いかけワーク　行動実現プロセスループを使ってみましょう

「イラッ」としたり「カチン」ときたりしたときは，実はこのループをまわすよいチャンスです（これを「イラチャン」と言っています）。このチャンスを活用して先の行動実現プロセスループを使って分析してみましょう。

> **あなたの回答**
>
> ・「カチン」ときたり「イラッ」とした場面（具体的に）：
>
> ・そのとき何が起きていましたか？（心得②）：
>
> ・安心・安全な場が確保されていましたか？（心得③）：
>
> ・どうして「カチン」ときたり「イラッ」としたのでしょう（心得①）：
>
> ・その次に自分は具体的にどう行動すればよかったでしょう（次の一手の実行）：

第3章
ファシリテーションの3つの段階
──準備・本番・フォローアップ

1 ファシリテーションの準備・本番・フォローアップ
──時間軸に沿って一つずつ考える

　この章では，実際に場づくりをしていく際に配慮しなければならない一つずつの手続きについて解説していく。繰り返しになるが，良い場をつくりたい，意味ある場にしたいと「念じる」だけではそういう場をつくり出すことはできない。「想いは大事」「志は大事」ということと，想うだけで場がつくれる，志さえあれば良い場になる，ということは全く別次元なのである。実際私たちは瞬間瞬間何かの行動をとりながら前に進んでいるわけで，どういう行動をとっていくのか，一つひとつ丁寧に準備をしてから実行してこそ，「想い」が現実のものとなるのだ。そして，また繰り返しになるが，これは「△△というスキルを使えばうまくいく」というような魔法の杖のようなものでもないということも肝に銘じておきたい。

　このプロセスはたとえて言えば，お料理のレシピのようなものである。美味しいお料理ができるのは，材料選びから始まってどの材料をどの手順でどのように調理するか，その細やかな手続きがあってこそだというのは誰しもおわかりであろう。だからこそ，「プロの料理人」あるいは「料理の達人」という人が存在し，そういう人になるためには何年も修行を積んでいかなければならない。ファシリテーションも同じである。1日程度のセミナーを受けて，「はい，ファシリテーションができるようになりました」ということはあり得ないのである。

　本章では，お料理のレシピのようにファシリテーターが行う行動の一つずつについて時間軸に沿って取り上げていく。これも，私たちが時空の中に生きているという限界があるために，全部一度に何もかも実行できるわけではないからである。一つずつ時間を追って行動していくしかないという制約があるために，その時点，その時点において実行できる具体的な内容を取り上げる。以下では，意味ある場づくりを行うステップをジャスティスら（Justice & Jamieson, 1999）にならい，ファシリテーションの準備の段階，本番の段階，フォローアップの段階という時間軸に沿った形で解説していく。

2 ファシリテーションの準備の段階
──その場の成否は準備で決まる

　準備の段階，つまり実際の場，例えばワークショップ，会議，授業などの本番が始まる「前に」どれだけ念入りに準備を行っておくかが肝要である。「その場の成否の8割は準備で決まる」（前出，中野氏の言葉）というほどである。これはたとえて言えば，ライブコンサートのステージを企画し，実施するようなときと同じである。どんなに有名なアーティストであっても，ライブを行うときには，自分の持ち歌をただ適当に歌っているのではなく，曲の順番はどうするのか，それぞれのシーンでの演出はどうするのかなど細部にわたって練りに練ったプログラムを立てているのである。

　準備の段階はこのライブステージをつくり上げるようなイメージで実行していくと準備する時間もまた楽しくなるものだ（実際，複数のメンバーである場を計画しているときの打ち合わせはとても楽しい）。

　この準備の段階では5つのステップについて考えていく。場づくりは，時間と空間の制約の中で行われる。そこで，時間のデザインと空間のデザインは必須要件となる。さらに何を目指すのかの大きな目標・ゴールの部分と，それが制約された時空の中で達成できる範囲とをどう折り合いをつけていくかが要である。この5つのステップとは次の通りである。

ファシリテーションの準備の段階──5ステップ

ステップ①　その場の「ゴール」を明確にする

ステップ②　参加者についての情報整理

ステップ③　制約条件を「企画の6W2H」で明確にする

ステップ④　プログラムデザイン（時間のデザイン）

ステップ⑤　物理的な空間のデザイン

　前述したように，ライブステージをつくるような気持ちで，楽しみながら，事前の準備のプロセスについて一つずつステップを追ってみていこう。

ステップ① その場の「ゴール」を明確にする──その場の"存在意味"

　ゴールの明確化，つまり，その場が何のためにあるのか，参加者がその場を通り抜けたときには，具体的にどうなるイメージなのかという，「具体的な成果（成果物）」を明確化することが何より先決である（図3-1）。さらに参加者にはどのような「行動変容」が起きているのか，この点を細かいプログラムをつくり込む前にしっかりと言語化しておくことが最も重要である。

ワークショップ・研修・セミナーなどの「場」を通り抜けた後，
具体的にどうなっていて欲しいのか？

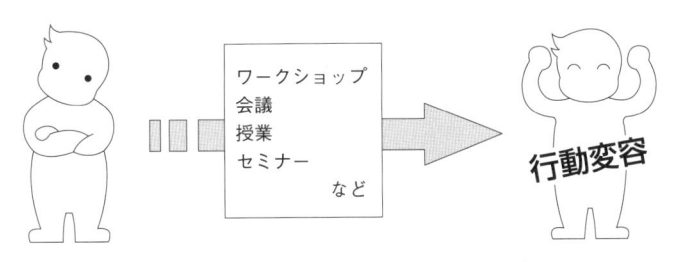

図3-1　ゴール設定の立て方のイメージ

　これはいわゆる「そもそも論」にあたる部分である。そもそもこの場は何のためにあるのか，この場を使って，参加者にどうなってもらいたいのか，どうなろうとしているのか，あるいは（かつ）何を生み出そうとしているのか，そこを明確にしておかなければ，その後のプログラムの細部がいくら優れたものであっても，その場の存在意味・価値そのものが根底から覆されてしまうことすら起こり得る。

　現実には，この場は何のためにあるのか，例えば，このワークショップは何をしようとしているのか，この会議の目的は何なのか，この授業は学生・生徒に何を身に付けてもらいたいと考えられているのか，というそもそもその場は「何のために存在しているのか」という点が不明確な「場」があまりにも多くないであろうか。

　そもそもこの場が何のためなのかが不明確な場合は，そこに参加している人は自分は一体何のためにここにいるのだろう？というモヤモヤした思いを抱き続けることになる。一方，場を企画運営する側もその場の意味・意義がわからないままに「前から続いている企画だからそのまま続ける」という立ち位置では，「仕事上，仕方なくやっている」というやらされ感から脱却できない。

　参加者に対しても参加意義を明確化することが，すなわち「参加意欲を高める」ことになり，企画側も企画の意味・意図を自分の言葉で言語化することで「自分の企画として」関わる，つまり主体的に関わることができるようになるのである。

　では，どのようにしてゴールを言語化していけばよいのだろうか。ファシリテーションでは「何を学ぶか」「何を討議するか」といった「コンテンツ（内容）」つまり，「What to」のみならず，「どうやって学ぶか」「どのように討議するか」といった「プロセス（過程）」つまり「How to」に着目している。この2点をゴール設定にも応用すれば，コンテンツのゴールとプロセスのゴールの2つを設定することが可能である。例えば，扱うテーマ（コンテンツ）が環境問題であったとしよう。この場合，環境問題についての情報を得て，それを元に参加者で討議して新たな解決策を見出すというコンテンツについてのゴールと，その討議をする「プロセス自体」を通して，参加者の間のチームビルディングを図るというプロセスのゴールの両方を一つの場を通して設定することができよう。

> ### 「ゴール設定」のチェックポイント
>
> ①その場を通り抜けたら，何が生み出されるのか，参加者はどうなっているのかの具体的なイメージになっているか？
> ②その場で扱っているテーマそのもののゴール（コンテンツのゴール）と，その場を体験することによって達成されるプロセスのゴールに分けて考えられたか？
> ③そもそも「何のための場ですか？」という問いに即答できるか？

ステップ②　参加者についての情報整理
――その場に参加する人はどんな人なのか？

　その場の参加者はどんな人か？　これはその場のゴールと実は表裏一体とも言うべき大事な要素である。どのような人々が一堂に会するかによって，その場の雰囲気はプラスにもマイナスにもなり得ることは周知の事実だ。場をデザインする段階から，参加者についての事前知識，共有経験，会への参加意識などはいかなるものかについて丁寧に整理しておくと，実際のプログラムデザインをどのように展開させていけばよいのかのアイデアが次々に生まれてくる。一見同じテーマを扱っているような場であっても，対象者の特徴によってプログラムデザインは大きく変わることがあり得る。

　参加者の特徴というときに，これはいわゆる参加者の年代や性別，職業といった外から見てはっきりとわかるような「社会的な立場」だけではなく，その他参加者がお互いに知り合い同士であるか，初参加かどうかなどの，一見その場そのものには関係のないような過去の経験歴もしっかりと把握する。最も気を付けておかなければならないのが，その場の参加への動機づけ，参加意欲という点である。図3-2は，参加者の動機づけをイメージ化して示したものである。

　参加者の興味のレベルがプラスの意味で非常に強い場合を「100」，逆にマイナスの意味で非常に強い場合を「-100」としてある。「0」は関心の度合いとしては「別にそれほどでも」という，興味はない場合である。

　プラスの意味で興味の高い，つまり動機づけの高い場というのは，自分が興味を持って

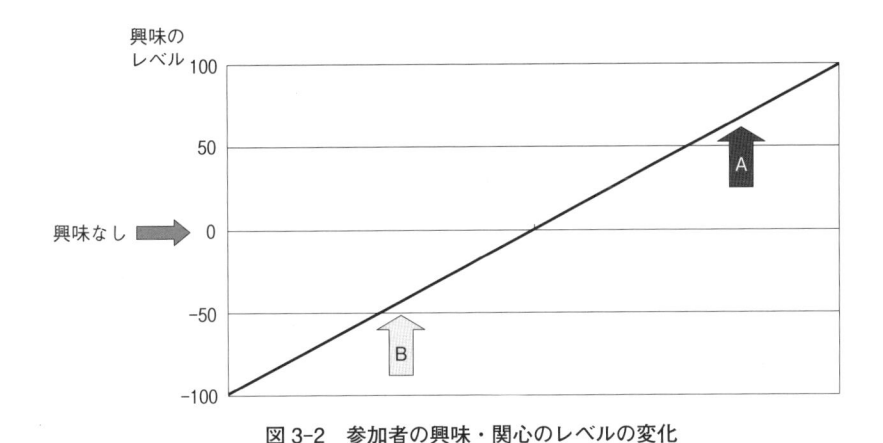

図3-2 参加者の興味・関心のレベルの変化

申し込んだセミナーや自分から積極的に参加している団体の会議などである（矢印のAの方）。逆にマイナスの意味で高いというのは，何かの問題が起きたとき，その問題についての説明会に参加するような場合である（矢印のBの方）。「0」というのは，興味も別にそれほどないけれど，上司に言われて参加した，義務だから参加している，必修の授業だから受講しているというような場合である。

> **問いかけワーク**　自分の動機づけのレベルを見直してみましょう

自分がここ最近参加した場で，動機づけのレベルはおおよそ次の3つのどれだったか思い出してみよう！

あなたの回答

・期待度も高く，わくわくして会場に向かった場：

・特に期待もないが，まあ行くか程度で向かった場：

・どちらかといえばマイナスの感情を伴いながら，会場に向かった場：

自分自身のある場への参加への期待度，動機づけを思い起こして整理してみると，
①自分から手を挙げて積極的に参加しようと思ったもの
②自分から手を挙げたわけではないが，依頼されて参加しているもの，あるいは参加が義務付けられているもの
③何かマイナスの事態があったが故に，その解決のために参加しているもの
の大きく3つに分けられるのではないだろうか。これも第2章で述べた自分の感情のプラ

ス，マイナスをしっかり見据えることで明確に区別することができよう。

同じように自分が場をデザインしている場合には，その場に来る参加者はどの辺りに位置するのか，プラスの動機づけとマイナスの動機づけの人が混在しているのか，いないのかなどを整理するとよいだろう。言い換えれば，この視点は参加者の側の内なるプロセスを見極めるということにほかならない。

具体的に，上層部の指示により参加を促されたような，いわゆる「やらされ研修」に参加している参加者のやる気をどうやって高めるかという点に対する気苦労は，研修担当者であれば，誰でも一度は経験していることであろう。あるいは必修の授業を担当した教員，上からの命令で委員になったようなメンバーで構成されている委員会の場合など，どのようにしてその場への参加意欲を高めるかという点で，次節で述べるプログラムデザインの際の「オープニング部分への工夫」が非常に重要となってくる。逆に参加者のその場への期待度が高い場合，その高い期待度に応えるだけの充実した内容をデザインしていないと，今度はその場が終了した時点での満足度が低いものとなる可能性がある。

プログラムデザインというときに，ついプログラムの内容そのものや活動そのものをどうするかということに注意が向きがちであるが，プログラム・活動先に在りきではない。参加者がどういう「心持ち」で会場にやってきているのか，会場に入ったときの気持ちはどういうものであるのか，それが具体的にイメージできるかどうかが，プログラムデザインを成功させる秘訣の一つである。

その他には参加者相互間の関係性についての確認が必要である。参加者同士が知り合いかどうか（一部知り合い，一部新しい人などもあり得る），過去の経験はどうか，などによっても場の設定の仕方が変わってくる。

「参加者についての情報整理」のチェックポイント

①参加者の外的な情報（年齢，性別，職業，立場，など）。
②特に参加者の「動機づけ」（プラス，マイナス，ニュートラル）。
③参加者同士は知り合いか。
④参加者の過去の経験はどうか（その場へ過去に参加したことがあるかどうかなど）。

ステップ③　制約条件を「企画の 6W2H」で明確にする

　その場の「ゴール」が明確になった時点で，次には実際にその場を実施していく際の具体的な制約条件を整理する必要がある。このときには，「企画の 6W2H」（表 3-1：中野，2003，p.48；三田地，2007，p.44）というツールを使うと効率よく整理できよう。実際の記入例は第 4 章で紹介している。またブランクフォームは，巻末資料 A として添付してあるので，是非実際の場づくりの際には使っていただきたい。

表 3-1　企画の 6W2H（場づくりの準備段階で考慮するべき項目）

企画の 6W2H 項目	具体的な問い
① Why（なぜ）	その場の目的は何か？
② Whom（誰に）	その場の参加者は誰か？
③ Who (with Whom) 誰が（誰と）	その場の主催者は誰か？，協力者，ゲストは誰か？
④ When（いつ）	日時はいつか？
⑤ Where（どこ）	会場はどのような場所か？
⑥ What（何を）	その場の内容は何か？
⑦ How（どのように）	どのような手法を使うか？
⑧ How much（いくらで）	参加費はいくらか？

　この「6W2H」は全て，プログラムデザインに関わってくる項目である。これらの項目を整理しておくことで，目指すゴールを実現するためには，次のステップで考えていく，どのようなプログラムデザインの展開をすればよいかの輪郭が浮き上がってくる。要するにいかなる場合であっても，私たちは自分がやりたいことが何でも自由にできるわけではない。これは，場づくりという場面であっても全く同じであり，その限られた時間，場所，資源の中で最大限目指すゴールに近づくためにはどうすればよいかということを綿密に考えるための枠組みなのである。

① **Why（目的）**　　そもそもなぜ，このワークショップ，会議，授業を行うのか，この場は何のために行うのか，何を目指しているのか，再度この項目で確認する（ステップ①の確認）。「そもそも何のため」という「そもそも」論は，その場の存在意義・意味に関わるものであり，最も重要な部分である。

② **Whom（参加者・対象者）**　　この項目については，すでにステップ②で詳細に検討しているので，ここには概要をまとめる意味で書いておく。繰り返しになるが，参加者の年代や性別，職業といった「外的な立場」ももちろんのこと，最も気を付けておかなければならないのが，その場の参加への動機づけである。

③ **Who（with Whom）（主催者，協力者，ゲストなど）**　　場のデザインをするのは誰なのか，主催者は誰なのか，その意図は何なのかを明確にする。自分一人が完全に単独

で「場」を設定するということはほとんどなく，多くの場合には大きな意味でのその場の主催者が存在する。例えば，大学の授業であれば，その大学が授業の主催者である。その主催者の意向や理念に反するような内容を行うことは基本的にはできない。主催者側が何を求めているのかということも必ず確認しておかないと，自分勝手な場づくりとなってしまう。またこの項目では一緒に企画・実施に協力してくれる人やゲストなども含めて書いておく。

④ **When（日時）**　その場が開催される時間枠はいつかを確認する。これは場をデザインする，ファシリテーター側が自分で決められる場合とすでに決まっていて変更できない場合の両方がある。前者の場合は，ゴールや対象者との兼ね合いでどのような日時が相応しいのかを決める。後者の場合は，与えられた時間枠を確認することで，ゴール達成に向けてのプログラムデザインを考える情報とする。例えば，「30分でファシリテーションを教えて欲しい」という依頼もあり得る。このときに「30分では無理です」と答えてしまっては，その場を任されようとしているファシリテーターとしては心もとない。30分なら30分で，半期の授業なら半年間で最大限実行できることは何かを考え抜くのが肝要だ。

⑤ **Where（場所）**　その場のプログラムに相応しい場所はどういう場所なのか，ゴールを達成するために適しているのか，を確認する。これも主催者側ですでに決められている場合とある程度の選択肢から選べる場合，および全く白紙の状態で会場を探していく場合の大きく3パターンくらいが想定できる。すでに決められている場合には，その場所をなるべく事前に下見して，机や椅子はどのような配置になっているのか，可動式なのか固定式なのか，ホワイトボードや黒板，パワーポイントなどプロジェクターの位置，窓やドアの位置など細かい点を確認し，当日の参加者の動線をしっかり確認することが必要である。

ある程度の選択肢（いくつかの部屋があり，そこから選んでもよいという場合）の中から選ぶ場合はもちろん，参加者の人数やプログラムで取り扱う内容によって一番相応しい場所を選ぶ。広すぎる場所であっても，前方と後方のスペースの間に間仕切りを立てたり，前方は講義のときに使う場所，後方は椅子だけの空間という使い分けもできる（この具体例は，第4章の図4-12［p.87］に示してある）。

複数の部屋を目的別に使うこともあり得る。時間枠と共にこちらも臨機応変に様々なパターンを考えることができる。この狭義の場づくりについてはステップ⑤でさらに細かいポイントを見ていく。

⑥ **What（内容）**　会の内容（会議であればアジェンダ，議題），扱うテーマはどのようなものにするのか，特にその場のゴールと対象者によって考慮する。この内容については，次のステップ④「プログラムデザイン」のステップでさらに煮詰めていく。

⑦ **How（手法）**　ゴールを実現させるために，有効と思われるその場の展開方法は何かを考える。例えば，講義，ミニレクチャー，プレゼンテーション，グループワー

ク，個人作業，アイスブレークなど様々な活動が考えられる。これらを取捨選択しながら，どのように並べ替えていくかを考える。これも次の「プログラムデザイン」のステップで合わせて煮詰めていく。

⑧ **How Much（参加費など）**　その場の参加費用を徴収するのか，しないのかということを確認する項目である。明らかに「参加費○○円」と設定する場合はわかりやすいが，一見「無料」のように見える場合でも，例えば公立学校の授業は本当に無料で行われているのだろうか。あれだけの校舎，教職員の人件費にどれだけの税金が投入されているのか，そこまで改めて考えてみてもよいだろう。なお，その場の運営を円滑にするために発生する費用は含めて考える。

このような様々な制約条件，つまり対象者の状況，時間の制約，会場の制約などを明確にした上で，当初に設定した，その場のゴール（目指すところ）を達成するためには具体的にどのような場をデザインしていったらよいか，という段階に進むことができる。このプロセスをしっかりと明示化しておくことで，次のプログラムデザインの段階でより具体的な活動内容へのアイデアを持ちやすくなるのである。

「制約条件の整理」のチェックポイント

①「企画の6W2H」の全ての項目を見直し，整理できたか。
②ゴールと参加者の概要について見直せたか。
③制約条件の中で自分が変更可能なもの，可能でないものの確認はできたか。

ステップ④　プログラムデザイン（時間のデザイン）
　　　　　　　――プログラムデザイン曼荼羅図の活用

ステップ④では，いよいよ実際にどのようなプログラムでその場の流れを行っていくかというプログラムデザインの部分を考える。いわば，時間をデザインするということである。この際に，中野（2003）によって考案された「プログラムデザイン曼荼羅図」というツールを使うとプログラムを立案しやすくなる。「プログラムデザイン曼荼羅図」の概要を図3-3に示した。この曼荼羅図の基本的な記入の仕方・見方は次の通りである。

①中央の丸い部分には，その場のゴール（目指すところ）を書く。
②円は四事象に分かれている。右上の事象からスタートして右回りに便宜的に「起承転結」の四事象となっている。活動の流れは，必ずしもこの起承転結に沿わない場合もあり得るが，オーソドックスな流れとしてこの展開を基本としている。
③四事象のそれぞれの部分に，具体的な活動を書き込んでいくことで全体のプログラムをデザインしていく。

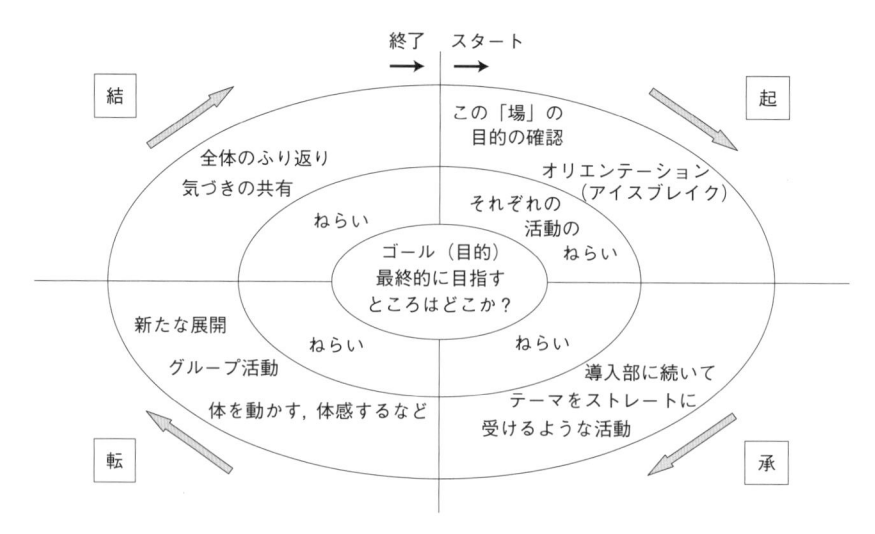

図3-3 プログラムデザイン曼荼羅図の概要

■ **使うと便利！「プログラムデザイン曼荼羅図」**──**全体が俯瞰できるツール**
　プログラムや進行表は表形式で書かれるのが普通だ（図3-5下段を参照）。しかし，表形式の場合には，全体の活動のバランス，シークエンス（流れ）の良さ・悪さということが実は一目では見えにくい。プログラムデザイン曼荼羅図を使うことの一番の効用は「プログラム全体を俯瞰できる」という点にある（記入例は図3-4を参照）。

　加えて，真ん中にその場のゴールを明示しておくことで，プログラムデザインを行う場合に常にこのゴールを念頭に置きながら（＝嫌でもゴールが目に入るという意味でも），各活動がゴールに沿っているかどうかを確認しながら配列していくことができる。プログラムデザイン曼荼羅図を用いる利点としては，次のような点が挙げられる。

①曼荼羅図の真ん中に「ゴール（目指すところ）」を記入することで，「何のための場なのか？」を常に意識しながらプログラムをデザインすることができる。
②場全体の流れが「起承転結」に基づくような，スムーズな展開になっているかどうかをチェックできる。
③四事象の各部分の情報提供や活動のねらいが明確化できる。
④四事象の各部分の情報提供や活動のねらいが，真ん中の大ゴールに適合しているかどうかを確認できる。
⑤各部分の時間配分は適切かどうかをチェックできる（四事象は流れを見る，つまり活動の意味の連結であり，各事象の時間配分が等価である必要はない。例えば，「起」の部分が15分で，「承」の部分が1時間でも構わない）。

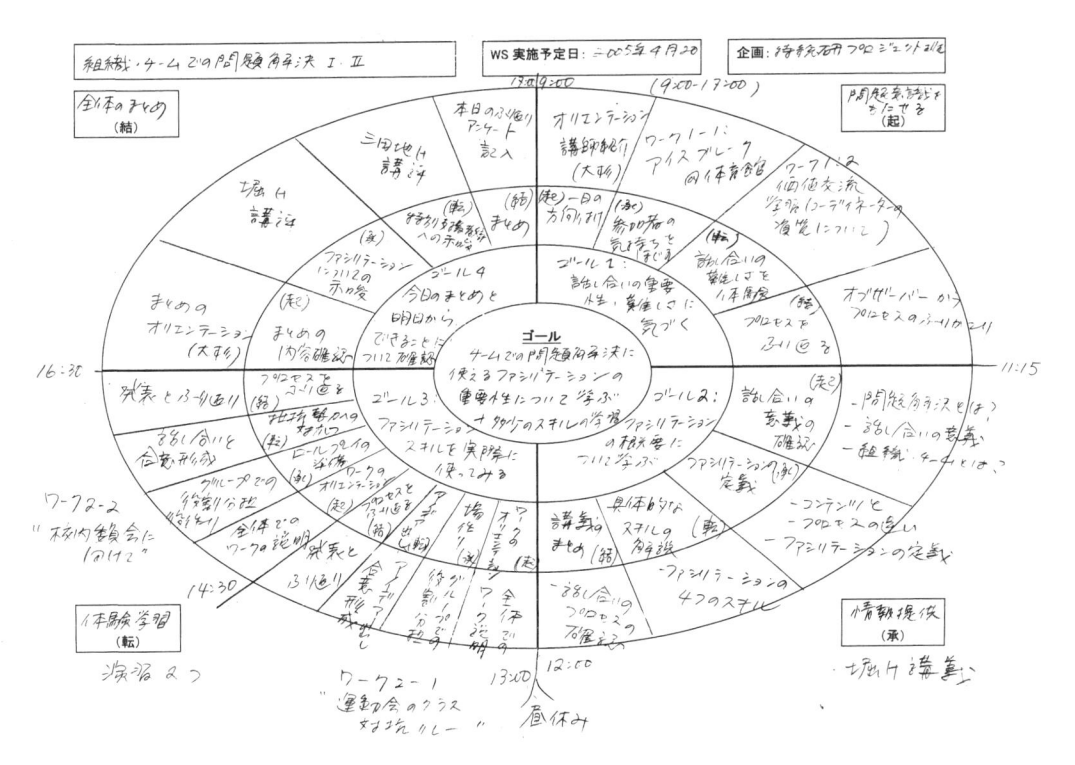

図 3-4　プログラムデザイン曼荼羅図記入例（三田地，2005）

　図 3-4 には実際に作成した曼荼羅図の例を示してある。
　このプログラムデザイン曼荼羅図だけでは，これを知らない人には進行表としては使いづらいものであるので，複数のメンバーが関わるような場合には必要であれば，通常の形の進行表に変換する。進行表には，さらに細かい配慮事項なども書き加えていく。図 3-5 は，プログラムデザイン曼荼羅図を使って，ゴールの明確化，全体の流れ，各活動とゴールとの整合性をチェックしながら 5 回連続の教員を対象とした研修のプログラミングを行った後，通常の形のプログラムに変換した例を示した。なお，巻末資料 B にプログラムデザイン曼荼羅図フォームがあるので利用されたい。

「プログラムデザイン」のチェックポイント

① 「プログラムデザイン曼荼羅図」を使って，ゴールと活動の流れの明確なプログラムを立案したか。
② 「プログラムデザイン曼荼羅図」を知らない企画運営スタッフ用に通常の見やすい形の進行表に変換したか。

曼荼羅図

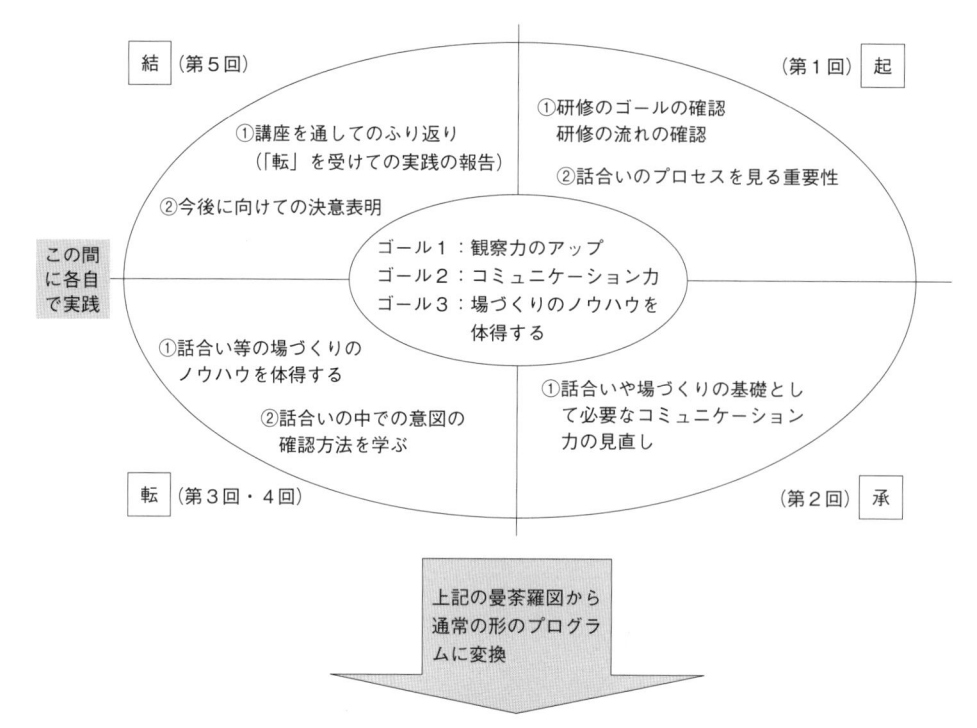

結 (第5回)　　　　　　　　　　　　　　(第1回) 起

①講座を通してのふり返り　　　　①研修のゴールの確認
　(「転」を受けての実践の報告)　　　研修の流れの確認
②今後に向けての決意表明　　　　②話合いのプロセスを見る重要性

この間に各自で実践

中央：
ゴール1：観察力のアップ
ゴール2：コミュニケーション力
ゴール3：場づくりのノウハウを体得する

①話合い等の場づくりの　　　　　①話合いや場づくりの基礎とし
　ノウハウを体得する　　　　　　　て必要なコミュニケーション
②話合いの中での意図の　　　　　　力の見直し
　確認方法を学ぶ

転 (第3回・4回)　　　　　　　　　(第2回) 承

↓ 上記の曼荼羅図から通常の形のプログラムに変換

回	月	研修時間（時間帯）	内容
1	6月	90分（平日午後）	連携協働に必要なこと 〜話合いのプロセスを見る（観察力）〜
2	7月	90分（平日午後）	連携協働のために必要な人間関係力 〜一対一のコミュニケーション〜
3	8月上旬	全日（夏季休業中）	場のデザイン（基礎編） 〜ワークショップの手法〜
4	8月下旬	全日（夏季休業中）	会議の進め方（応用編） 〜合意形成と問題解決〜
	(9月〜11月)		各学校における連携協働の実践についてのEメール等による報告へのメンター活動 可能ならば，現場での実践を講師見学
5	11月	90分（平日午後）	研修のまとめとふり返り 〜実践報告，および今後に向けて〜

図3-5　曼荼羅図と普通のプログラム表への変換

ステップ⑤　物理的な空間のデザイン

　時間のデザインの次は，空間のデザイン，すなわち，どのような場所でその場を実施していくかという点について検討する。前述したようにできれば会場は下見をしておき，参加する人が当日どのような動きをするかをシミュレーションしておくと細かい点の配慮が可能となる。

　ここでは代表的な場づくりの型について紹介する（図3-6）。

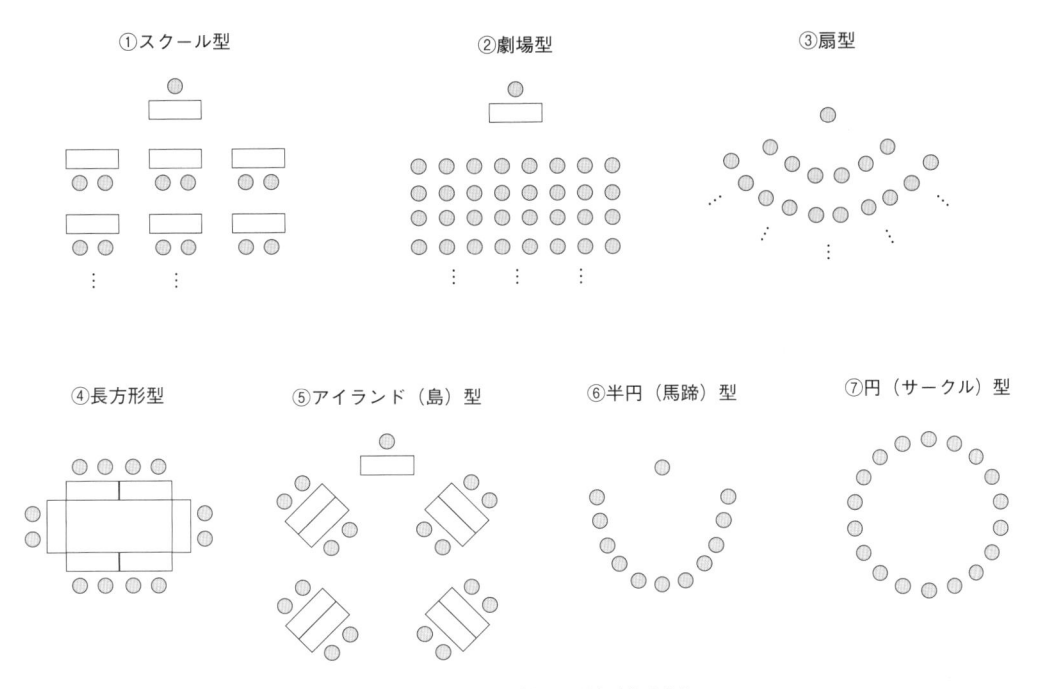

図 3-6　場づくりの様々な型（代表例）

①**スクール型（講義形式）**　机と椅子が縦横直角に並べられたスタイル。学校での授業で多く用いられている形である。先生対受講生という構図が明確である。
②**劇 場 型**　椅子だけを並べたスタイル。大勢の参加者に対して，一部の人が発表を行うという場面で用いられる。発表者対参加者という構図になりやすい。
③**扇　　型**　②の劇場型と似ているが，縦横を直角ではなく，丸みを帯びた形に椅子を並べる。②とは異なり，参加者同士の様子も見え，参加者同士が一体感を感じやすい。
④**長方形型**　会議で一般的に見られるスタイル。机の間が空いていることで，参加者の一体感というよりは，参加者の間に距離があるように感じられる。
⑤**アイランド（島）型**　おそらく，最近の企業研修などでは多く見られるスタイル。5〜6人の小グループで討議するときに用いる。何人で組むか，組まれたテーブルのどこに座るか（長辺か短辺か）も大事なポイント。
⑥**半円（馬蹄）型**　参加者が半円になり，発表者，リーダーという立場の人を囲むスタイル。このスタイルでも誰が一参加者で誰がリーダーかということが形から伝わる。
⑦**円（サークル）型**　参加者（ファシリテーターやリーダーを含む）が完全に輪になっているスタイル。このスタイルでは誰もが等しい立場であるということを形そのものから伝えることができる。一方，場合によっては最初からこの円型では，参加者が「何をやらされるのだ？！」と驚いたり，尻ごみしたりする可能性もあるので，この形に組むタイミングには注意が必要である。

以上，代表的な空間のデザインについて紹介したが，その会場をどのようにセッティングしておくかには様々なスタイルが考えられるので，その場のゴールや参加者の状態に応じて，臨機応変に対応することが肝要だ。また一つのスタイルであっても，その「どこに座るか」によって，参加者の気持ちは全く異なってくる。これも，どこに座るかまで指定するのか，座る場所は特に決めないのかといった詳細なところを検討しておく必要がある。それぞれに特徴があり，どれが一番良い形であるということは言えない。いずれの場合もその場のゴールと参加者のそのときの状態で一番適した形を採用していくということが肝要なのである。

なお，特に教室でのレイアウトについては，『ザ・席替え』（家本，1998）を是非参照されたい。子どもたちが教室内のどの席に座るのかが好みかなど，大まかな年齢群別のデータが示された，大変興味深い一冊である。

「場づくり」のチェックポイント

①その場のゴールに沿った形の，場の形になっているか。
②活動に合わせて場を展開させているか（場面転換）。
③このステップが終わった時点で，当日の場面，特に開始時の具体的な場面（参加者がどのような気持ちで会場に入ってくるか，その後の展開はどうかなど）が鮮明にイメージできるか。

Column　いつでも，どこでも，場づくり研究？！

ファシリテーションの，特にこの物理的な空間のデザインはどこでもできるものです。例えば，どこかのレストランに入ったときに「あ，ここ居心地がいいなー」とか「うーん，いまいち」とか感じますね（これが心得②の内なるプロセスです）。普通はそこで終わってしまい，いまいちのところには二度と行かないで終わりです。しかし，ファシリテーターとして腕を磨きたいと思うのならば，いまひとつであれ，良いなと感じる場であれ，「それはなぜか？」を考えると次の自分の場づくりにどんどん活かせます。

「なぜ，いまいちと感じるんだろう」（心得①の「Why？」）と再度問い直してみることで，「照明が暗いからかな…」「テーブルとテーブルの間が狭いからかな…」「壁の飾り付けが…」など様々な理由が浮かんでくるでしょう。もし，そういう話をしてくれるのをいとわない人と一緒であれば，お互いに意見を出し合います。そうすると，次に自分が場づくりをするときのチェックポイントがどんどん手に入ります。「石からも学べ」とは松下幸之助氏の言葉ですが，まさにいつでも，どこでも場づくりの研究ができるということですね。

3 ファシリテーションの本番の段階
――当日のファシリテーション

　ここでは，本番当日のファシリテーション，つまり場をどのように活性化し，意味あるものにしていくかのあり方に関する7ステップについて述べていく。第1章で，マクロのレベル（そもそも何のための場なのか），ミドルのレベル（一つひとつの活動の意味），ミクロのレベル（一つひとつのやりとりの意味）でのゴールについて解説したが，ファシリテーションもこれに対応する形で展開できる。準備の段階は，いわば「マクロのレベル」と「ミドルのレベル」に相当するものであり，実際その場で起こっていることをよく観察して対応していくというファシリテーションは，ミドルのレベルとミクロのレベルに相当しよう。

　一つひとつの活動のやり方の説明（インストラクションともいう），さらに参加者の一つの発言，一つの行動に対してどうファシリテーターが応えるかというミクロな視点が関わってくる。

ファシリテーションの本番の段階――7ステップ

ステップ①「オープニングまでの場づくり」

ステップ②「オープニング」

ステップ③「グループ活動」

ステップ④「個人作業」

ステップ⑤「合意形成から行動計画（アクション・プラン）へ」

ステップ⑥「共有活動」

ステップ⑦「クロージング」

ステップ①　「オープニングまでの場づくり」

　当日の準備は，実際にその場が開始される「前の」会場の設定から始まる。開催しようとしている場にもよるが，開始時刻にファシリテーターがひょっこり現れるようでは，準備不足の場となることは避けられない（遅刻はもちろん論外である）。必要な持ち物のチェック，会場チェック，備品のチェックは怠りなく行いたい。

●ぷちチェック「持ち物」

　ファシリテーターの七つ道具として筆者が携帯しているものを例として以下に記した。このうち②のタイマーは必須アイテムである。それは，ファシリテーターは時間管理が大事な一つの仕事であるからだ。いつもタイマーの音では味気ないので，①のベルをここぞというときには使う。他にプログラムを持ち歩いたり，ちょっとした記録をとるための記録用紙を③クリップボードに挟んでおく。④磁石やセロテープは記録した紙を黒板やホワイトボードにさっと貼り付けて見えるようにするために役立つ。⑥付箋紙，⑦水性フェルトペンセット，⑧模造紙はワークショップ，ファシリテーションというときにはお馴染みの道具ではあるが，「これらの道具を使っている＝ファシリテーションができている」ではないことには留意したい。

　ここに挙げている以外にもその場その場で必要なものはあらかじめリストアップしておくことがもちろん望ましい。これらは家を出るときに必須のチェック項目である。

　①ベル（音色の美しいよく響くもの）
　②タイマー（キッチンタイマーでもよい）※必須
　③クリップボード（画板　A4サイズ）※必須
　④磁石（あるいはセロテープ）
　⑤自分の名札（参加者の名札）
　⑥大判付箋紙あるいは裏紙（ブレインストーミング用など）
　⑦水性フェルトペンセット（太字）
　⑧模造紙や大きめの白紙
　⑨その他（あらかじめリストを作っておく）

　次に会場に到着してからも事前に行わなければならないことはたくさんある。一番大切なことは，その日の「ゴール」と「スケジュール」を参加者全員から見えるところに大きく掲示しておくことだ。これは黒板やホワイトボードに書いてもよいし，模造紙などに書いて貼り出してもよい。パワーポイントで一瞬示して後は消えてしまうような方法は好ましくない。それは，「常に見えていること」が大事だからだ。このゴールとスケジュールが，第1章で解説したその場の「ガードレール」の役割を果たすのである。つまり，

　・その場がどこに向かおうとしているのか（ゴール）
　・そのためのプロセスはどのようなものなのか（スケジュール）

を明確に示すこととなる。いわば，この2つは旅の栞（しおり）のようなものである。どこに行くか，どういうルートで行くか，その2つを明確にしているのである。そして，旅のルートはいろいろ選べる場合もあるだろう。スケジュールにどの程度柔軟性を持たせるのか，それもガードレールの幅を決める一つの要因である。

筆者は自分がファシリテーターを務める場では，プログラムデザイン曼荼羅図の形でゴールとスケジュールを示すようにしている。図3-7には授業で実際に使った図を示してある。このようにしておけば，参加者自身が常に「自分たちはどこに向かっているのか」「今どこにいるのか（時間経過のどのポイントか）」が一目瞭然である。受講生からも「その日のゴールが明示されていてよかった」という感想を得ている。

　そのほか，机や椅子の配置など物理的なセッティングをしっかり行う。会場とのスタッフの打ち合わせも怠りなく。

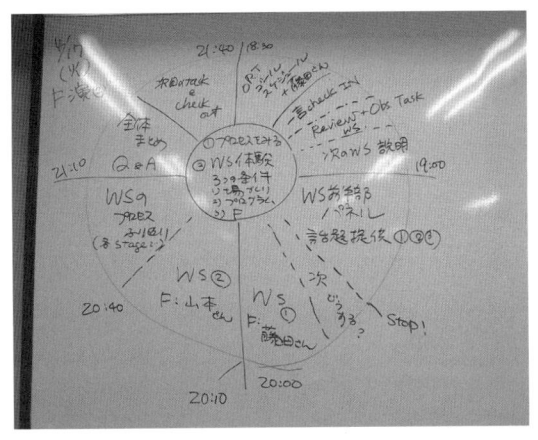

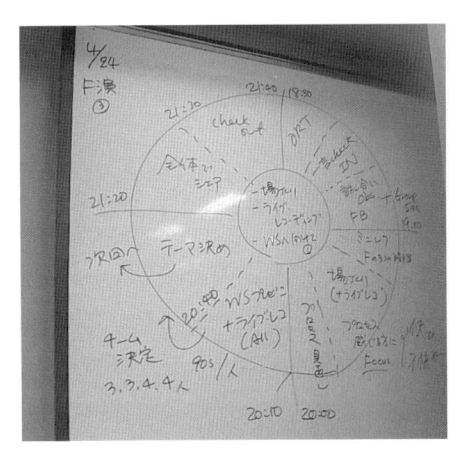

図3-7　授業のときに実際にホワイトボードに書いて示したプログラムデザイン曼荼羅図

●ぷちチェック「会場設営」
①その日のゴールとスケジュールを見えるところに書く（貼り出してもよい）
②机や椅子の配置
③機材・備品関係（コンセントの位置などの確認も含む）
④温度，空調，光線の具合
⑤会場のスタッフとの打ち合わせ（当日初めて会う場合は特に）
⑥その他（あらかじめリストを作っておく）

オープニングまでの場づくりチェックポイント

①当日の持ち物は全て確認したか。
②会場設営は万全か。

> **Column** アメリカの大学にて
> ——オンタイムで始まる授業 ?!
>
> 　筆者が留学していたアメリカの大学では，先生は必ずオンタイムで授業を始めていました。そのために，休み時間には教室に到着してパワーポイントや配布資料の準備を行う訳です。日本の大学では始業のベルが鳴ってから教室に入ってくる先生も珍しくなかった時代を体験していたので，本当にきっちりと時間を守るアメリカの先生たちにはびっくりしました。
> 　考え方によっては，相手の時間を大事にするということを行動で表していたと言えますね。

ステップ②　「オープニング」

　さていよいよ，本番が始まるときがきた。ファシリテーターとしては，本番のプログラムの開始前であっても参加者が会場に入って来る，そのときからすでにその「場」は始まっていると思った方がよい。お互いに「どんな人が居るのだろう」そういう気持ちで会場に向かってきている同士の顔合わせの瞬間が，そこではたくさん生まれる。参加者が集まり，その場が正式に開始されるまでも会場の雰囲気には気を配りたい。

　その場を開始すること——オープニング——は，その後の活動の活性度や場の雰囲気にも非常に大きな影響を与えるもので，「つかみ」としての機能をしっかり果たすように工夫したい。実際にミクロのレベルで，最初の挨拶からどのようなトーン（声の調子）で，どのような内容を伝えるのか，そこまであらかじめシミュレーションしているとよいだろう。

　以下に示したチェック項目はこの一番最初に行うことで，参加者の中にある不安感，モヤモヤした気持ち，疑問（この場はどんな場なのだろう？　一体，あの人［＝ファシリテーター］はどんな人なのだろう？　どんな人が参加しているのだろう？）などをなるべく払拭し，その後のやるべき活動に集中してもらえるようにすることがポイントとなる。どのような点に配慮すればよいのかということは，その場のゴールと参加者の概要から根拠を持って導き出すようにする。

● ぷちチェック「オープニング」
　①ファシリテーター自身の紹介をしっかり行う（他にスタッフがいる場合はその人も）。
　②その日のゴールとスケジュールを丁寧に説明する。
　③その場を運営するにあたってのルール（携帯の電源は切るなど）を説明する。
　④参加者の自己紹介タイム（時間配分にもよるが，簡単でもできる方がよい）。
　⑤その他（あらかじめリストを作っておく）。

■ うまく使うと場が活性化するスキル「問いかけ」

　ファシリテーターの仕事は「問いかけ」に始まり，「問いかけ」に終わる，と言っても過言ではないくらいに，「問いかけ」は重要なものである。問いかけは，見えない「ガードレール」となることは第1章の問いかけワーク（p.10）でもすでに述べたが，特に始まりにどういう言葉を使うかということは何度もシミュレーションしておいた方がよいだろう。問いかけ一つで，当事者としての問題意識を喚起させることもできる。

　問いには，大きく① Yes-No で答えられるものと，② 5W1H のようにオープンなものがあることは周知のことであるが，これらの問いを効果的に使えるように，普段から何のためにこの問いをするのか，という視点を持って問いを発するようにしたい。

　オープニングであっても，「皆さん，どのような期待でこの場にいらしていますか？」といった問いかけの形で展開することはいくらでもできよう。

問いの種類

① Yes-No　　はい，いいえで答えられる問い。確認のために用いられることが多い。
　　乱用すると，ファシリテーターの聞きたいことだけを聞いているという印象を持たれる可能性がある。

② Why　　「なぜ」と理由や意図を問う。大事な問い。問い方には細心の注意が必要。
　　特に意見の食い違いが見られたときには，威力を発揮する問いだが，日本語では「なぜ？」というのは理由を問うというよりは，「詰問」の意味合いが強いために，相当問い方のトーンに配慮しないと，相手からは防衛的な反応（いわゆる言い訳）しか得られない。そうなると，真の理解からは遠のいてしまう。
　　事の本質を見極めるためにも，この「なぜ」を数回問うことは大事なポイント。

③ How　　「どのように」具体的な方法や状況について問う。
　　一般的な表現や曖昧な表現に対しては，「具体的にはどういう感じでしたか？」と問うことで，その場の具体的な状況について説明してもらうことができる。抽象論で話が進んでかみ合わないときにも有用。

④ When　　「いつ」具体的な日時について問う。

⑤ Where　　「どこで」具体的な場所について問う。

⑥ Who　　「誰が」具体的な行為者について問う。

⑦ What　　「何を」具体的な対象や内容について問う。

■ いくつかの役立つ問いかけ例

　①相手の話を理解するための質問

　ファシリテーターの役割は，これに尽きると言ってもいいくらい大事なポイントである。そもそも，相手の話の真意を本当に理解して次の議論が組み立てられているのか，疑わしい場合は少なくない。相手の話の理解がしっかりとできていない場合にはそこでのや

りとり自体が迷走してしまうであろう。この相手の話を理解する能力を磨くためには、ステップ③で紹介する「ライブレコーディング」を行うことをお勧めする。

具体的なフレーズ
- 「○○さんのおっしゃろうとしていることは、〜〜ということでしょうか？」
  ⇒（Yes-No の質問。相手の意見に対していきなり賛成や反対などを表明せずに、まずしっかり理解したかどうかを確認する）。
- 「○○さんがそう考えられているのは、どういう理由からでしょうか？」
  ⇒（Why の質問。真に相手の話の内容を理解したいということをこの質問からも表現できる）。
- 「それは、具体的には、どういう状況でしょうか？」
  ⇒（あいまいな表現、不明な点がある場合には、しっかり確認するために使う）。

②**自分の話がしっかり伝わったかどうかの確認のための質問**

相手の話の理解と共に大事なことは、自分の話がきちんと相手に理解されたかどうかである。折々にこの確認のための質問もするとよいだろう。

具体的なフレーズ
- 「……以上となりますが、何かご質問はありませんか？」
- 「……以上について、何かご不明な点はありませんか？」

以上のような問いかけを駆使して、相互の理解を促進してみよう。

■ **うまく使うと場が活性化する活動例「一言チェックイン」**

初対面でない人が集う場合には、毎回自己紹介を行う必要はない。しかし、毎回の集まりの始まりに、全員が少しだけ声を出す時間を取ることで、全員の場への参加意識が高まり、またお互いの様子もさっとわかるという利点がある。一言チェックインとは、そういう「ちょっと声を出して様子を伝え合おう」という活動のことである。どういうテーマで話をするかは、その日の参加者の様子やその場の流れ、時事的な問題などで適宜選択する。この「テーマ選び」もファシリテーターとしては、大事な仕事の一つであり、これも一つのガードレールの機能を果たす。

■ **うまく使うと場が活性化する活動例「アイスブレーク」**

アイスブレークは、英語では「Ice Breakers」と言い、語義通りでは「氷を溶かすもの」という意味だ。そのココロは、「初対面、あるいはそれに近い人々が集った場、ある種の緊

張感が漂う。その緊張を『氷』にたとえ，このアイスブレークの活動を通してその『氷』すなわち緊張を和ませることをねらいとする」ということである。ただ，気を付けなければならないのは，「アイスブレークをやれば，場の緊張が溶ける」という公式を全ての場面に当てはめないということだ。こういう考え方は，「根拠なきスキル飛びつき型」と称される，危うい考え方である。どうして今，このアイスブレークを行うのか，その根拠をしっかり持って臨むことが必要である。アイスブレークについては，いくつか書籍も出ているので，参考にされたい（石田，2004 など）。

なお，ウェスト（West, 1999）では，「はじめに」で，アイスブレークを使う際にファシリテーターが自ら問うべき質問リストが掲載されている。これが前述の「今，このアイスブレークを行うべきかどうか」の根拠となる。有用であるので，そのまま以下に引用した（筆者訳）。

- もしアイスブレークを行わなければ，どのような結果になるだろうか？
- どのアイスブレークが，必要となる経験を構築できるだろうか？
- このアイスブレークに対して，このグループの人たちはどのように反応するだろうか？
- このアイスブレークをどのように導入し，どのようにファシリテートし，そしてどのように終わるべきだろうか？
- このアイスブレークが成功したということが，どのようにしてファシリテーターの自分はわかるだろうか？
- このアイスブレークを行った場合に起こり得る最悪のケースはどんなものだろうか？　そしてそれに対して自分はどのように対処するだろうか？（p.xii）

実はこの問いは，アイスブレークのところを他の活動にも置き換えて同じように使うことのできる，ファシリテーターにとっては有用な「根拠を明確にする」チェックリストである。

「オープニング」のチェックポイント

①その場のゴールやスケジュールが参加者全員に理解されたか。
②参加者の人の緊張やモヤモヤが軽減されたか。
③次の活動へのウォーミングアップがなされたか。

> **Column** うちの学級会よりひどい？　大人たちの討論会
>
> 　小学校3年生のJくんとテレビの討論会を見ていたときのことです。画面には相手の話が終わらないうちに発言し始める人や自分の意見ばかり大声でしゃべり続ける人の映像が写し出されています。
> 　「うちの学級会よりひどいなー」とつぶやくJくん。
> 　「へー，そうなの？　じゃあ，良い話合いって何なの？」と尋ねると
> 　「知らないの？」と逆に切り返されたので，
> 　「うん，知らない。だから，教えて！」と答えました。すると，彼はすらすらと次のように答えました。
>
> 　「1．自分の話をちゃんと伝える。
> 　　2．相手の話をちゃんと理解する。
> 　　3．（相手の話が）わからないときは質問する。」
>
> 　そうです，これこそがコミュニケーションの本質。あっぱれ，Jくん。その後，この例を頻繁に使わせてもらっています。

ステップ③　「グループ活動」

　特に大勢の人が集っている場では，全員で一つの活動に従事するということは難しい。そういう場合に思いつくのが「グループ活動」だ。しかし，グループ活動もただグループにすればよいというのではなく，いくつかのポイントをふまえて実施しないとせっかくのグループ活動が生きてこない。次のような点に注意してグループを構成してみよう。

> ### 「グループ活動」のチェックポイント
> ①何のためのグループ活動なのか，明確になっているか（ゴールの明確化）。
> ②何人ぐらいのグループにするのが適切なのか。
> ③グループメンバーの構成はどうやって行うのか（意図的か，ランダムか）。
> ④意図的に構成する場合のポイントは何か（年齢，性別，職歴など様々）。
> ⑤その他，グループ活動を行う際の注意点は何か（事前に整理しておく）。

■うまく使うと場が活性化する活動例「グループサイズの変更」
　初対面の場合であると，30人を超す集団になるとなかなか意見が出づらくなる。100人を超す場面では顔見知りが多くても発言の頻度は下がりがちだ。一言つけ加えれば，こう

いう場面で果敢にも手を挙げて発言する人の何割かには「目立ちたがりの人」がいるような印象を受けることもある。

　こういう場合に，たとえ全体では100人集まっていた場面においても使える技が，グループサイズ，つまりグループの人数を変えることだ。グループの人数は活動内容によって様々設定できるが，表3-2には，「グループで話合いを行う」という状況でどのような特徴が見られるかを簡単に示した。これもどの人数が良い悪いではなく，ゴール，活動内容，制限時間などとの兼ね合いで決める。また，ただ人数だけではなく，参加者の属性によるグループ分けということも考慮する必要がある場合もあろう。例えば，初参加の人と前から参加している人を分けるのか同じグループにするのか，男女の比率はどうするのか，年齢構成はどうするのか，などである。

　加えて，ファシリテーターの側でグループを組んでおくのか，その場でぱっと組んでも

表3-2　グループサイズによる特徴

サイズ	グループの特徴	代表的な活動
2人	いわゆるペアワークの人数。ある意味，強制コミュニケーション状況とも言える。つまり，「話をしないではいられない」状況設定である。どうしても意見が出にくいというときには，この2人組にすることで話をする機会が自然につくれる。	ペアワーク ペアでのインタビュー
3人	3人になると話をしている人と聞いている人が2人になり，話し手の立場が少し目立つものになる。お互いが交代することもまだ比較的容易にできる。	1対2での活動
4人	一般的にグループ活動というときには，最低4人組位をイメージするだろう。この4人組は何かのプロジェクトを行うなどのときには，それぞれが役割分担を遂行するいわば「陰になる人」がいない人数と言われる（シャドウがないとも言われる）。話合いという場面ではずっと発言しないままでいると目立ってしまう人数である。	いわゆる班活動
5～6人	グループ活動のごく一般的な人数が5～6人組である。これは4人ほどそれぞれが向き合うわけでもなく，次の7～8人のように作業しなかったり，発言しなかったりすることが目立たないという人数でもない丁度よい人数である。	一般的なグループ活動 プロジェクト
7～8人	この人数になると，前述したように発言しないままでいる，作業をしないままでいる，ということがそれほど目立たない人が出てくる。つまり4人の場合とは逆に「シャドウ（陰）ができる」人数である。言い換えると，発言する人が決まってくる確率が高まる。8人でのグループワークはある程度しっかりとした役割分担を決めながら行わないといわゆる「サボっている」という人が生み出される可能性がある。	（グループ活動としてはやや多すぎるが，止むを得ない場合，役割が明確になっていることがポイント）
約10人	この人数になってくると，1グループで何かを生み出すというのが難しくなってくる。5名ずつのように分割した方がよい場合もある。	
約20人	この人数が，全員が発言しての意見の共有などを行うギリギリのサイズ。一人のファシリテーターで全体を見渡すのもこの位までが限界。	ワークショップ
約50人	何か大勢での活動を行うにはよい人数だが，全員で参加する話合いには適さない。	クラスサイズ
約100人	活動内容との兼ね合いだが，いわゆる話し合って意味ある成果物を出すには全く適当ではない人数。	
500人以上	同上。多くが集まったこと自体に意味があるような場。	ワールドカフェ

らうのかという組み方の方法についても何通りもある。いろいろな方法を根拠を持って試してみて，ふり返りでよかった点，改善点を出し合ってさらに良いものにできるようにしていく。

■ **うまく使うと場が活性化するスキル「ライブレコーディング」**
　ライブレコーディングとは，その名の通り，出された意見をその場でどんどん書き出していくという作業のことを指す。これは「話合いを可視化する」ためである。往々にして，話合いは空中戦，つまり発言した内容がどんどん消えていってしまい，何を話し合っていたのかそのプロセスもよくわからず，声の大きな人の意見に引きずられるということになってしまう。このライブレコーディングという地道な作業でそのリスクを最小限に留めることができるのである。ルールは簡単で，ひたすら「愚直に書く」ということである。
　このライブレコーディングをひたすら行うことが，実は「相手の話を良く聞く」という何よりの練習となる。人はすぐに相手の話を自分なりの解釈で理解してしまうが，まず相手が言おうとしていることそのものをしっかり理解するために，その人の発言をそのまま書き取る練習をしよう。
　図3-8a,bは二つの場面のライブレコーディングの例を示してある。一つは，学校での会議例（例1），もう一つは東日本大震災の直後に，避難所として使われることになった学校で実際にその避難所運営の会議の記録（例2）である。
　前者のライブレコーディングをされた玉野先生からは，「本校では，ワークショップ型の研究協議会が根付いてきて，まだまだ課題はあるものの，中身のある研究会ができるようになってきました」というコメントが寄せられている。

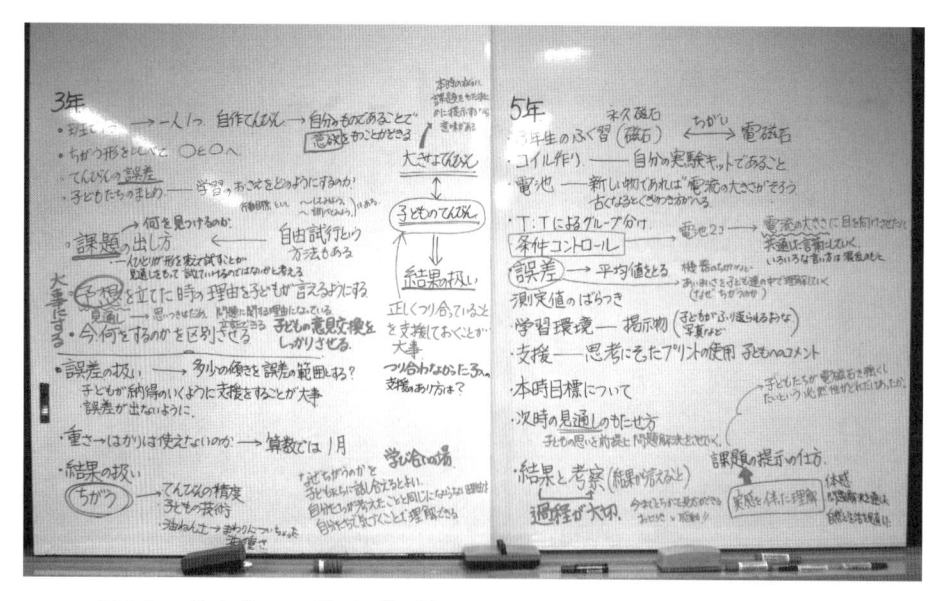

図3-8a　ライブレコーディングの例1（提供：横浜市立小菅ヶ谷小学校　玉野尚子先生）

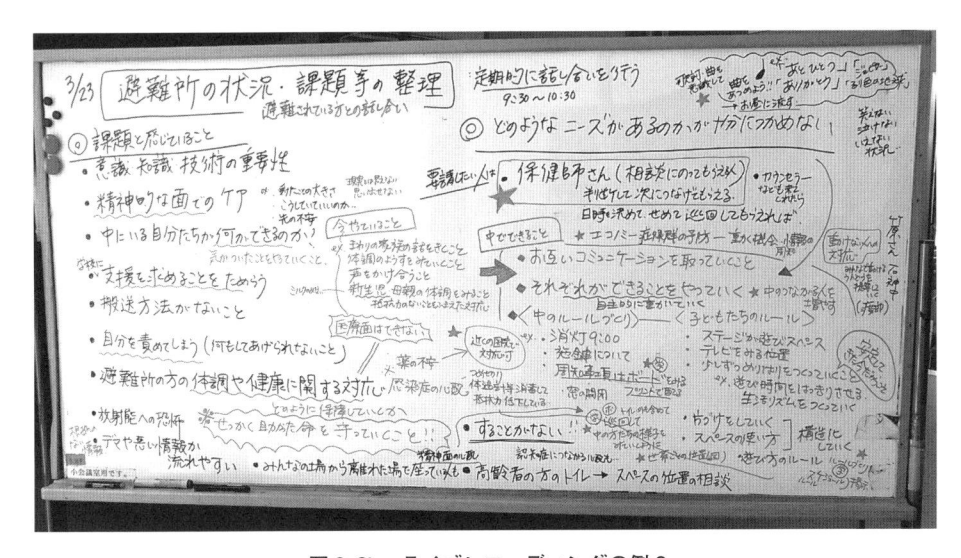

図 3-8b　ライブレコーディングの例2
(提供：福島県内での避難所。ライティング：五十嵐登美氏, ファシリテーター：浅見肇氏)

また，後者のライブレコーディングのファシリテーターの浅見先生からは，次のようなコメントが寄せられている。

> ライブレコーディングのメリットとしては，①発言者にとって，自分の意見をきちんと取り上げてもらえたという安心感があること，②その安心感から，自分の考えに対する執着から離れて，他の人の意見を踏まえながら考えを深められるようになるということが挙げられます。また，今回の避難所のように，状況が目まぐるしく変化する環境下では，議事録を残すだけの余裕はありませんので，ライブレコーディングをそのまま掲示しておき，PDCAサイクルに役立てることができました。

以上のようにライブレコーディングを行うことは会議の記録に留まらず，参加者に対する様々な効果を及ぼすということを観察しながら実行されたい。

■ うまく使うと場が活性化する活動例「ブレインストーミング」──発散のツール

略して「ブレスト」と呼ばれる「ブレインストーミング」は"brainstorming"という原語の通り，脳の中に嵐を起こすという意味で，アイデア出しの一手法として広く使われるようになっている。アレックス・オズボーン氏が開発した手法である。次の4つの原則によって，自由にアイデアを出していく方法である。

①批判・非難・否定しない。
②質より量を出すことが目的。
③奇抜なアイデア歓迎。
④他の人のアイデアから発展することの奨励。

このうちの「批判・非難・否定しない」というルールはブレインストーミング以外の場面の発言においても話し合う際のルールとして設定しておくと，その場の「安心・安全」を担保しやすくなる。肝心な点は，「最初にルールとして設定しておく」ということである。そうすれば，他の人の意見を頭ごなしに否定しようとした人が出てきたときに，「ちょっと待ってください。今日は"否定しない"というルールでしたよね？」とファシリテーターが発言しやすくなる。こういうルール設定もガードレールの機能の一つになるのである。

■ **うまく使うと場が活性化する活動例「枠組み（フレーム）」を使う——収束のツール**

話合いにはアイデアや意見をできるだけたくさん出し合う「発散」のステージと逆に出されたアイデアや意見をまとめていく「収束」のステージの両方が必要である。発散は自分勝手に意見を言うことでも成り立つが，収束の方は実はかなりやっかいである。そこで，アイデアをまとめるためのいくつかの枠組み（フレーム）を知っておくと役立つことがある。

アイデアを出しているときから，このような枠組みを使うことも場合によってはよいだろう。ただ，気を付けなければいけない点は余りに最初から枠組みを決めつけすぎると，「どうしてこの枠に収めなければならないのか」という前提の部分で疑問を持たれることがある。その枠でなければならない根拠が明確かどうかが肝要になる。このようなフレームの使い方の代表的なパターンを以下に示す。

①自由に出された意見から，まとめるためのフレームを見つける方法。
②自由に出された意見を，まとめなおすためのフレームを後から提示して，そこに整理していく方法。
③最初からフレームを提示しておき，出された意見はその枠に収めて記録していく方法。

①と③が順番としては丁度逆になっているものだが，この「活動の順番」つまりシークエンスというのも大事な要因の一つである。

フレームの代表格は，「二軸で整理する」というものだ。図3-9は，「農薬のイメージ」について自由に各自の意見を出してもらい，その後で二軸を見つける作業をしたものである。横軸が「プラスのイメージ」と「マイナスのイメージ」，縦軸が「生産者にとって」と「消費者にとって」となっている。様々なアイデアがこのような四事象の中に納まっていると，全体像が見えたことによるかなりの納得感がもたらされる。自由勝手に出された多くの意見を遠目に見て，「これらがどういう軸で整理できるか」を見つけ出す作業は実はかなり高度なスキルである。スパッと二軸で整理されると，すっきりとして気持ちが良いが，どうもうまく各意見が各事象に納まらないというときには，その軸そのものが「対立軸になっていない」あるいは「そもそも重要ではないものを軸として立てている」などの本質的な見誤りがある場合が多い。

図 3-9　二軸の図の例

　なお，『ファシリテーターの道具箱』（森ら，2008）にはたくさんのフレームが紹介されているので，是非参照されたい。

ステップ④　「個人作業」――自分の考えをしっかりまとめる時間

　大勢の人が集っていると常に人と人が相互作用をしていなければならないという暗黙のルールに縛られそうになることもあるかもしれないが，実は人が集って一緒に活動をする下準備，あるいは活動した後の見直しというプロセスにおいては，各自が一人で作業をするという「個人作業」の時間も重要な機能を果たすことがある。

　例えば，「～～について，何か意見がある方？」と問われて，誰も発言しないという場面や，いつも発言する人としない人が固定化してしまっているような場合などのいわゆる「困った場面」を打破する活動として「個人作業」が役立つことがある。大体において，長々話をする人に向かって「あなたばかりが話をしていますよ」とか「あなたの話は長い割には焦点がぼけていますよ」とはっきりと伝えることはできないもので，ただ黙って聞いているということになってしまう。また逆にあまり自分の意見を発言しないような人に意見を求めても，さっと答えてもらえないことも間々ある。

　このようなときに，個人作業で，まず「書いて自分の考えや意見をまとめる」という「書く作業」を行うようにすると，発言のない人の発言を引き出し，かつ話の長い人，ポイントが不明確な人のそういった問題を多少は軽減することができる。この「書く作業」のために，白紙や大判の付箋紙が必要になる。まとめると，個人作業を行うメリットは，先のコラムでも紹介した，コミュニケーションの基本を守るということに他ならず，以下に「個人作業」の効果を示した。

基本1：自分の話をわかりやすく伝えることができる。
　①自分の考えをきちんとまとめて発表する下準備となる。
　②他者の考えに左右されずに自分の考えをまとめることができる。

基本2：相手の話をしっかり聞くことができる。
　③発表の時間になったときに，すでに自分の考えは手元に書いてあるので，他者の発表をしっかり聞くことができる。

　上記の③は意外と見過ごされやすいが，実は「一人ひとり意見を言いましょう」というルールを設定して発表するようにしても，「個人作業で書く」ということをしていない場合には，次に自分の順番が回ってきたときに，何を言おうか……とそれを考えてしまい他の人の発表をしっかり聞くということが守られていないことが多々あるということである。
　このようにコミュニケーションの基本，つまり「相手にわかるように伝える」と「しっかり聞く」の両方の下ごしらえをするのが「個人作業」である。
　簡単なテーマであれば，その場で個人作業をするということも可能であるが，複雑な内容について調べたり考えたりする必要がある場合には，この個人作業の部分は本番の前に事前準備として行ってもらうという方法もある。
　このようにどこでこの「個人作業」の時間を組み入れるかということも，「本番」に使える時間量と行わなければならない作業量からバランスを見て考えて決定する。

■ うまく使うと場が活性化する活動例「個人ブレスト」
　前述したブレインストーミングを一人で行うことである。まず，個人作業，つまり一人でできるだけアイデアを出して持ち寄るという方法で，よりたくさんのアイデアを捻出することができる。10人のメンバーが「明日までに，100のアイデアを持ち寄る」としたら，あっという間に1000のアイデアになる。社会の流行をリードするような企業では，このようにして多くのアイデアを社内で肩書きや立場などを越えて，自由に出し合っているということである。

「個人作業」のチェックポイント

①自分の考えをきちんとまとめられたか。
②相手の話をしっかり聞く準備ができたか。

ステップ⑤ 「合意形成から行動計画（アクション・プラン）へ」

　複数のメンバーが集まって，何かを成し遂げようとしている場合，あるいは具体的に何かのプロジェクトに向かって次の動き方を決めようとしているような場合には，グループ活動の最後にこの「合意形成を行ってから具体的な行動計画を作成する」活動が組み込まれる場合が多い。合意形成とは，その場に集っている参加者で最終的に今後どうしていくかについて合意していくプロセスと言える。一人で決定するのと違い，複数の人間が何かを決めていくプロセスは大変なときが往々にしてある。そのグループにおける意思決定のプロセスのいくつかのタイプについて，シュワーツは次のように整理している（表3-3）。

　最終的にどうやって合意を得るか，というその手続き（プロセス）を，どのようにして決めるかということは，大きな課題である。普段何気なく行っている，多数決による方法はこの「決め方のプロセスを決めている」ことにほかならない。

表3-3　グループの意思決定プロセスのタイプ（シュワーツ，2005，p.133）

タイプ	意思決定プロセス
相談型	リーダーがメンバーに相談してから決定する。
民主型	みんなで議論してから投票で決定する。決定には加重された一票をもつ何人かのメンバーの賛成が必要な場合がある。
コンセンサス型	みんなで議論して，全員一致の賛成で決定する。
委任型	リーダーがグループまたはグループ内のサブ・グループに決定を委任する。

問いかけワーク　意思決定のプロセス

　自分が最近参加した場を，何かを決定する際に「決定の仕方（プロセス）」が決まっているもの，そうでないものという視点で分類してみよう！　決まっていたものとはどんな決め方だったか，決まっていない場はどんな様子だったかも思い出してみよう！

> あなたの回答
> ・決め方が決まっている場：
>
> ・決め方が特に決まっていない場：

　意思決定のプロセスにも，様々なパターンが考えられる。そして，実際に何かが決まった後，一人ひとりがどの程度その決定を受け入れたかというレベルがこの意思決定のプロセスによっても左右される。意思決定の受け入れのレベルについても，先のシュワーツは表3-4に示したように整理している。大事な点は，どこまで決められたことを良い決定だ

表3-4　決定の受け入れレベル（シュワーツ，2005，p.134）

コミットする	良い決定だと信じており，自分自身の決定であるとみなす。それを効果的に実行するのに必要なことは何でもする。
支持する	決定を支持する。それを実行するために必要なことは自分の役割の範囲内で自らする。
服従する	決定を受け入れるが，良い決定だとは思っていない。正式に要求されたことは自分の役割の範囲内でする。
服従しない	決定を支持しない。自分の役割の範囲内でするように正式に要求されてもやらない。
抵抗する	進んで決定を台無しにしようとする

と捉えて，自分自身のものとしているかということだ。そうでなければ，嫌々行う，あるいは全く行わないということになってしまう。

　なるべく多くの人がコミットするためには，コンセンサスを得るということが土台となる場合が多いであろう。ただし，全員が満足して一致するまで決めるということも，現実的には様々な制約条件（時間制限，資源の制限など）から難しいのも事実だ。そういう場合には，次のような視点で決定を見直すとよいだろう。

　図3-10に示されている8つのポイントは，コンセンサスを得るために漫然と話し合うのではなく，具体的に実行可能な決断に落とし込んでいくためのものである。下段の4つは「実際に実行できるかどうか」という視点で見直す「実現可能性」のポイントである。よく言われる「ヒト，モノ，カネ」という類のもので，予算，時間，人手，能力の4つがある。上段の「意義」は，できるかどうかはとりあえずさておき，本当にそれを行う意味があるものなのかどうかを，「自分」「チーム」「関係者（チームの所属する組織，ほか）」そして，そもそも社会にとって役立つことなのかどうか，という4つから見直す視点である。こうやって壮大な夢物語のようなアイデアを実現・実行可能な，かつ社会にとっても自分にとっても意味のあるものに修正しながらコンセンサスを得ていくのである。

　このようなプロセスを経て，やっと合意形成が得られたとしても，次に現実場面でよくある問題は，話し合っているときには「○○をやろう」と決めたにもかかわらず，なし崩し的に誰も何もしないということである。これを防ぐためには，行動計画（アクション・プラン）をしっかり決めておくことが必要だ。

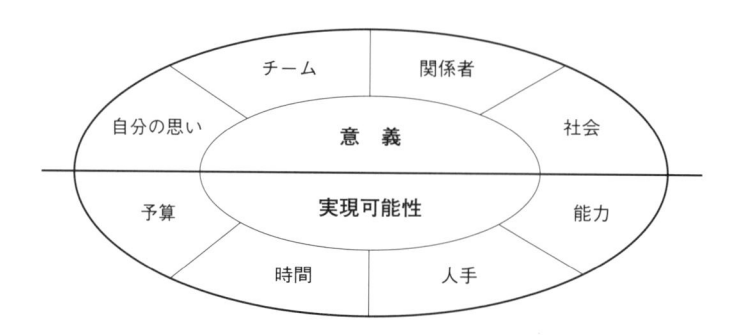

図3-10　コンセンサスを得るための8つのポイント

行動計画には，必ず「いつまでに」（締切），「誰が」（行動の主体），「何を行う」（具体的な行動）の三要素を織り込むこと．そして，最後の行動は，あいまいな表現は避け，できたか，できなかったかがはっきりと判断できるように表現することが大切である．

問いかけワーク　行動計画を作ろう！

　自分が最近参加した何かの場で，今後「○○をしよう！」と言って解散したにもかかわらず，その後，何も起きなかったという事例を思い出してみよう．そして，そのときの最後に，①行動計画が明確にされていたかどうか，②行動計画があった場合，その計画には，「いつまでに」「誰が」「何を行う」ということが明確に記されていたかを見直してみよう！

```
あなたの回答
・行動計画が明確にされていたか？　⇒ Yes，No

・その行動計画には，「いつまでに」「誰が」「何を行う」の三要素が全て入っていたか？
    ⇒ Yes，No

・②で Yes の場合，なぜ実行されなかったのだろうか？　理由を考えてみよう！
```

「合意形成から行動計画へ」のチェックポイント

①意思決定のプロセスは決まっていたか．あるいは決めたか．
②実現可能性があり，かつ意義がある決定になったか．
③決定されたことを受け入れるレベルは，問題がないか．
④具体的な行動計画（いつまでに（締切），誰が（主体），何を行う（行動））ができたか．

ステップ⑥　「共有活動」

　ある程度，活動に区切りがついたところで，グループ間の，あるいは各個人の活動内容についての参加者同士で情報共有を図る時間を取ることである．英語をそのまま使って「シェアリング（Sharing）」ということもある．特にステップ⑤の合意形成の後はこの共有は大事である．

複数の人が集って，相互作用を行う中での学びや気付きをもたらすことを一つのねらいとしている場合に，ただグループ活動をするだけではなくその後に，どんな話合いがなされたか，そこでどんなことに気付いたか，どんな疑問を持ったかなどについて，率直に自分の考えを述べること，他の人のそのような気付きをしっかり聴くことでさらに新しい視点に気付くことができる。

人は他者の視点からの話を聴くだけで，様々なことに気付きその後の自分の行動を変えることができるということが，三田地（2010）でも紹介されている。このプロセスを図示すると図3-11のようになる。

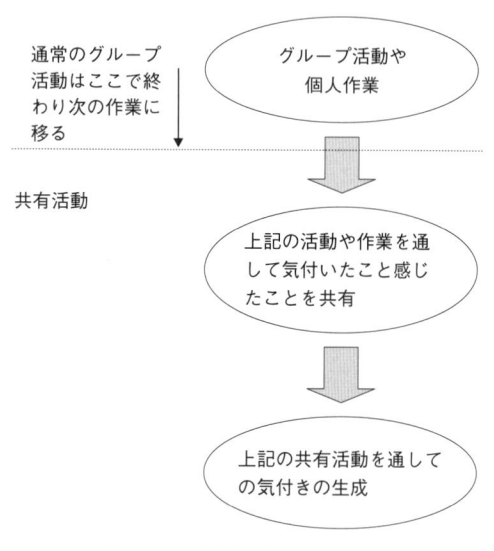

図3-11 共有活動のイメージ図

■ うまく使うと場が活性化する活動例「プロセスのふり返り」

グループ活動の結果を共有する，個人作業のまとめを発表するだけに留まらず，是非行いたいのが，「プロセスのふり返り」である。これは，例えば，環境問題についての解決策を話し合っていたときに，その解決策のアイデアそのものを発表するのが「コンテンツの発表」であるのに加えて，その話合いの流れ（プロセス）がどうであったかについても語り合うというものである。

プロセスのふり返り，共有というのは慣れないと何を話してよいかがわかりにくいかもしれないが，そこで「実はあのときの自分の発言はまずかったのではないかと思う」とか「少しモヤモヤするところがあった」などと率直にお互いの感じていたことを共有することで，表面的ではない部分についての共有感が生まれやすくなる。また，そのプロセスのマイナス面をどれだけうまく他のメンバーに伝えるかということには，相当高いコミュニケーションの力が要求され，このようなことを伝えるよい練習の機会ともなる。

● ぷちチェック「ふり返り」

①自分がその活動を行っている最中，どのように感じていたかを話す。
②他者攻撃はしない。
③マイナス面については，「モヤモヤしているところがあった」などの柔らかい表現を駆使して，相手に理解してもらえるように伝える。
④お互いのふり返りを聴いて，さらに感じたことを話せるともっと良い。
⑤マイナス面については，具体的な解決策まで見出せると理想的である。

細かいプロセスを分析するためには，具体的なフォームについては，第5章の観察力，コミュニケーション力の節を参照されたい。

> **「共有活動」のチェックポイント**
> ①決定事項を確認できたか。
> ②各自の感じていたこと，気付いたことを共有できたか。
> ③プロセスのふり返りも行えたか。

ステップ⑦　「クロージング」

いかなる場であっても「終わり」のときが来る。「終わり良ければ全てよし」という表現もあるように，どのように終わるか，ということはそれまで費やしてきた時間を各自がどう捉えるかを大きく左右する大事な部分だ。ここまで来ると「こういうやり方で終わるのがよい」と一言で言えるようなものはなく，本当に毎回，毎回，その場の参加者の様子，その日のゴール，活動自体の様子，成果物などによって様々な終わり方が存在し得る。

最低限，組み込んでおいた方がよいだろうという活動は「ぷちチェック」に示したが，それ以外にも様々なバリエーションが考えられるので，臨機応変に対応したい。

●ぷちチェック「クロージング」
　①その日のお礼を述べる。
　②その日のゴールとスケジュールを元に場を簡単にふり返る。
　③今後に向けて，各自のゴール，その場のゴールの確認を行う。
　④「行動計画」の確認を行う。
　⑤その他（その場の流れで臨機応変に！）。

■うまく使うと場が活性化する活動例「一言チェックアウト」

その場を始めるときの「一言チェックイン」に対応する形で，参加者一人ひとりが「今の気持ち」など簡単に伝えられるテーマに沿って，短く感想を述べるという活動である。このように最後に全員が声を出すことで，この場はファシリテーターの場ではなく，全員で紡いできた場だったのだということを確認し合える。テーマによっては，自分の次への行動につなげることもできる（例えば，「今日からやってみたいことについて一言で宣言する」など）。

一言チェックイン，チェックアウトは，この用語を継続して使うことで，場を開始したり終了したりするときの時間短縮にもつながる（「はい，では今日の会議を始めます。一言チェックインから……」のように使うことができる）。

「クロージング」のチェックポイント

①行動計画は共有されたか。

②参加者は，モヤモヤした気持ちを抱えたままになってはいなかったか。

Column 「閉じる」のか「開く」のか ——英語と日本語の終わり方の違い

　今回，この項目は「オープニング」にそろえて，「クロージング」としましたが，改めて考えてみると，日本語では，宴会などを終わるときには，「終わります」とは言わず「お開きにします」と表現します。同じ場面を，英語では"Close"，日本語では「開く」と表現する，このことに気付いたときに「へぇー」と感心しました。一体，この違いは何からもたらされているのでしょうか。

　直感的ではありますが，日本語の「お開き」にはその後にも続きます，というような余韻を感じさせますね。そういう意味では，この場限りではなくその後に続けるということで「お開き」という方が相応しいのかもしれません。

4 ファシリテーションのフォローアップの段階
   ──終わった後の締めの技

　本番も無事終わり，ほっと一息つきたい気分になっているところであろうが，その場の本当の意味が確認されるという点で大事なのは，終わった「後」のフォローアップの段階をどのようにファシリテートするかである。その場は参加者から「楽しかった」「よかった」という感想が多く聞かれていたとしても，その後にどれだけ活かせたか，言い換えれば，その後の参加者の行動がどれだけ変わるような場であったかが，本当の意味での「その場の意義や意味」にほかならない。現実的には，多くの場合はその後のフォローアップを行う機会がないまま，いわゆる「やりっぱなし」の状態であるが，可能な限りその後についても経過を追いかけるようにしたい。

　参加者のフォローアップは難しい場合でも，ファシリテーター側にはいくつか行える点がある。それについて述べていこう。

ファシリテーションのフォローアップの段階
   ──3ステップ

ステップ①「記録の共有」

ステップ②「ふり返り」

ステップ③「行動計画のチェック」

ステップ①　「記録の共有」

　話合いやワークショップであれば議事録を，授業であってもそのときのプロセスの様子を記録しておくことが大切である。それぞれの記録を持ち寄って，参加者で共有することも場合によっては有効である。

　会議などの場合は，本番で使ったホワイトボードに書かれた記録をそのままデジタルカメラで撮影しメールで参加者に送信するという方法も使うことができる。

　通常，会議の記録は「議事録」として残してもその「後」に活用されることがまだまだ少ないのではないだろうか。この議事録に3のステップ⑤で作成した「各自の行動計画」（何を，誰が，いつまでに実施する，が明確にされたもの）を含めることで，次回，皆が集まるときに前回の議事録の行動計画をチェックすることから始めることができる。

このようにして，前の回と次の回を継続的に行っていくためにも「記録の共有」がただの記録のための記録にならないように留意したい。

> **「記録の共有」のチェックポイント**
> 参加者全員で，次への行動計画が明確になっている記録が共有されたか。

ステップ② 「ふり返り」

　ある場が終わったら，必ず行わなければならないのが，その場の「ふり返り」である。何か問題を感じた場合はもちろんのこと，良かったと思える場であっても，再度そのプロセスを含めてふり返りを行う。ふり返りに参加する人は，会の主催者，ファシリテーター（運営・実施者），可能であれば参加者も含め多面的な視点が得られるようにする。

　これは単なる反省会ではなく，次へつなげるための改善点の整理が中心となる。その場合も，個人攻撃の罠（○○さんが悪いので，失敗したなどの，特定の個人に問題の原因を帰するような思考パターン）に陥らないようにし，なるべく主語は自分で表現する（例「私が○○と声をかけたらよかったと思う」など）。

　様々な観点が考えられるが，主だった項目は次の通りである。

> **「ふり返り」のチェックポイント**
> ①全体として自分はどう感じたか，自分はどうすればよかったか。
> ②その場のゴールは達成されたか。
> ③タイムマネジメント（時間管理）はどうであったか。
> ④各活動の成果はどうであったか。
> ⑤参加者の行動で気付いた点はなかったか。
> ⑥その他（企画の 6W2H のそれぞれの項目などについて）。

　これらを通して，次に行うときにはどこをどのように改善すればよいのかの具体策まで煮詰めておく。これはいわゆる PDCA サイクル（図 3-12）の評価（チェック，Check）と改善（アクト，Act）の部分に当たる。ちなみに，ファシリテーションの準備は，計画（プラン，Plan），本番は実行（Do）に相当する。このサイクルをまわすことで，より良い場づくりのループができるということである。

図3-12　PDCAサイクル

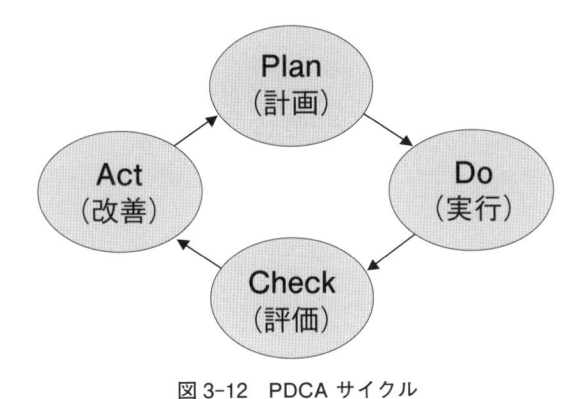

ステップ③　「行動計画のチェック」

　もう一点，本番が終わった後に可能ならば行っておきたいのが，この「行動計画」のチェックである。その場を意味あるものとするためには，できるだけ各自がこの行動計画を作成して場を終わることが理想的である。特に会議の場合はこれは必須条件である。それ以外の場であっても，それぞれの行動をその後どう変容させていくのかのプラニングはなるべく組み込む方がよい。

　あるいは，ステップ②の「ふり返り」で次の場の改善に向けて，それ以外の何かについての「行動計画」が作成された場合はそのフォローアップも必要である。

行動計画の具体的な記入例：

```
Action Plan
田中：○○という資料を作成し，メンバーに配布する。（5月10日まで）
鈴木：△△さんに連絡を取り，面会の日を確定する。（5月14日まで）
山本：××という会社に連絡を取り，見積もり書を5月末までに送ってもらうように依頼する。（本日中）
```

　このように記載しておけば，①その期日までに，②その行動を行ったかどうかが確実にチェックできる。

　よくある，先に進まない会の終わり方は「次回までに検討しておきましょう」というフレーズである。この表現で締めくくっては，次までに誰も何も行動しないことがほとんどである。

　行動計画を作成した場合の主要なチェックポイントについては以下に示した。

「行動計画のチェック」のチェックポイント

① 「誰が（who），何を（what），いつまでに（by when）」という行動プランになっているか。
② 期日までに実行されたか。
③ If not，締切期日を変更する，あるいは計画内容を見直す。
④ その他（追加のプランはないか，など）。

以上，ファシリテーションの3つの段階を進める際に知っておくと役立つ方法などについて簡単に紹介した。これら以外にもたくさんの手法があり，また同じ手法でもどのようにそれを実施するかのアレンジは無数に可能である。

毎回の「場」において，そのときそのときに起きているプロセスをしっかり見直し，瞬時瞬時に柔軟にその場に最も適切な次の一手を考えながら行動できることがファシリテーターとしては理想の姿と言えよう。そのときに役立つのが，第2章で紹介した，「行動実現プロセスループ」つまり，5つの心得なのである。次ページの章末資料は，第2章と第3章で紹介した行動のチェック表である。必要なスキルを見つけるときに役立てられたい。

Column　プログラムデザイン最後の技──No Planで臨む場

「場づくりをするためには，こんなに細かいプログラムを立てて，細かいところまで決めておかなければならないの？」と，感じられる方もいらっしゃるでしょう。

ここで解説してきたことは，ある場をプログラムデザインし実施しようと思われる方には最低限知っていていただきたいことと捉えていただけると良いかと思います。実際には，分刻みのプログラムを作ってしまうと，逆にそのプログラム通りに実施しなければならないとそちらに気を取られてしまい，肝心の「その場が参加者にとってどういう意味をもたらしているのか」ということについてのモニターが弱くなる場合もあります。

プログラムも粗方決めて（内容，活動，テーマなど），後は参加者の相互作用から生み出されてきたものを丁寧に用いながら，展開するという方法もあります。その場合にも大きなゴールは決めておかなければなりませんが，細部はある意味「出たとこ勝負」になります。

このような場が実施できるようになるためには，やはりそれなりの場数を踏んでいなければならず，場づくりを初めて行うという場合には丁寧なプログラムデザインが必須となるでしょう。日本の伝統芸能の師弟関係のあり方を示す「守破離(しゅはり)」，つまり，まず型を守る，その型を破る，最後に自分の型として師匠の型から離れる，というプロセスはファシリテーションの場づくりでも同じかと思います。

章末資料『ファシリテーター行動チェック表』

ファシリテーター 5 つの心得（2W3B）

心得	行動チェック	頁	実行したかどうか
①	Why？（常に「Why？（なぜ）」と問いかけること）	18	
②	Watch what happens（プロセスを見ること）	20	
③	Be holding a BA（locus）safe and secure（安心・安全な場を確保すること）	27	
④	Be Neutral（中立であること）	29	
⑤	Believe what happens in your participants（参加者の相互作用を信じること）	30	

ファシリテーションの準備の段階（5 ステップ）

ステップ	行動チェック	頁	実行したかどうか
①	その場の「ゴール」を明確にする——その場の"存在意味"	37	
	⇒ゴールは「行動変容」として表されているか？	37	
②	参加者についての情報整理——その場に参加する人はどんな人なのか？	38	
	⇒参加者の動機づけ，関係性，過去の経験など	38	
③	制約条件を「企画の 6W2H」で明確にする	41	
④	プログラムデザイン（時間のデザイン）——プログラムデザイン曼荼羅図の活用	43	
	⇒プログラムデザイン曼荼羅図	43	
	⇒進行表への変換	45	
⑤	物理的な空間のデザイン	46	

ファシリテーションの本番の段階（7 ステップ）

ステップ	行動チェック	頁	実行したかどうか
①	「オープニングまでの場づくり」	49	
	⇒持ち物チェック	50	
	⇒会場設営	51	
②	「オープニング」	52	
	⇒問いかけ	53	
	⇒一言チェックイン	54	
	⇒アイスブレーク	54	
③	「グループ活動」	56	
	⇒グループ構成（人数，メンバー構成など）	56	
	⇒グループサイズの変更	56	
	⇒ライブレコーディング	58	
	⇒ブレインストーミング（発散のツール）	59	
	⇒「枠組み（フレーム）」を使う（収束のツール）	60	

④	「個人作業」	61	
	⇒個人ブレスト	62	
⑤	「合意形成から行動計画（アクション・プラン）へ」	63	
	⇒意思決定のプロセス	63	
	⇒決定の受け入れレベル	64	
	⇒行動計画のチェック（いつまでに，誰が，何を行う）	65	
⑥	「共有活動」	65	
	⇒プロセスのふり返り	66	
⑦	「クロージング」	67	
	⇒一言チェックアウト	67	

ファシリテーションのフォローアップの段階（3ステップ）

ステップ	行動チェック	頁	実行したかどうか
①	「記録の共有」	69	
②	「ふり返り」	70	
	⇒ゴールは達成されたか	70	
③	「行動計画のチェック」	71	
	⇒行動計画は実施されているか	71	

※右の欄に自分が実行したかどうかのチェックを入れる。

第4章
ファシリテーションを活用した場づくりの実際

1 ファシリテーションの応用分野
―― ワークショップとファシリテーション

　ファシリテーションは，図4-1に示したように，様々な分野で応用されている。中野（2001）の「ワークショップの分類の試み」の図を元に展開した堀（2003）によれば，その場の成果を個人に求めるのか，組織・集団に求めるのか（横軸），また得られた成果が外部からも明確に見える創造的（意思決定，合意形成，価値創造）なものか，あるいは個人

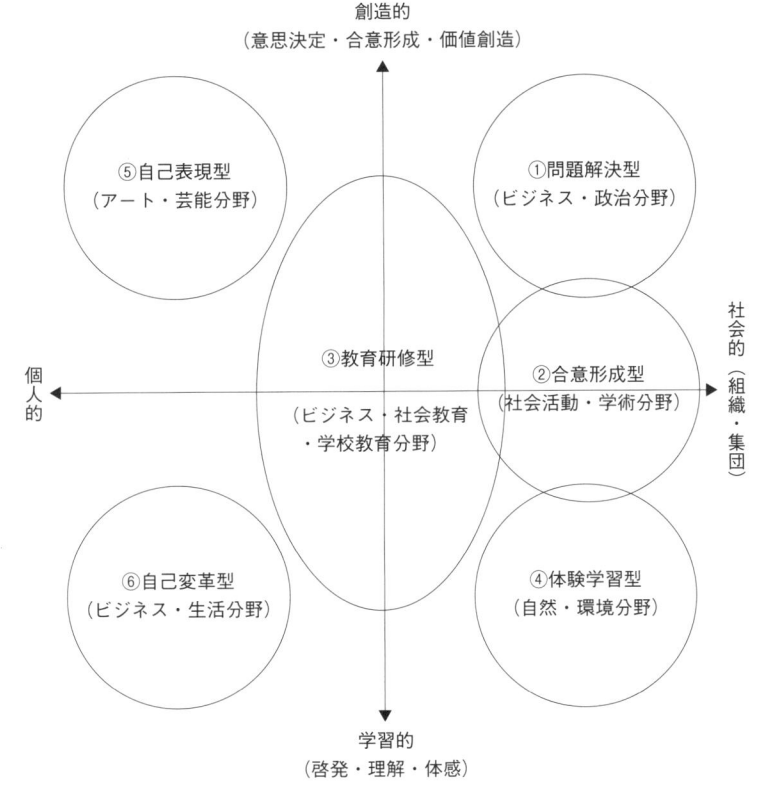

```
                創造的
         （意思決定・合意形成・価値創造）
                 │
       ⑤自己表現型      ①問題解決型
      （アート・芸能分野） （ビジネス・政治分野）
                 │
                 │                     社
    個           ③教育研修型           会
    人   ────────┼───②合意形成型──── 的
    的          （ビジネス・社会教育  （社会活動・学術分野）（組
                ・学校教育分野）                       織
                 │                                   ・
       ⑥自己変革型       ④体験学習型              集
      （ビジネス・生活分野）（自然・環境分野）        団）
                 │
                学習的
           （啓発・理解・体感）
```

出所：中野，2001に一部加筆

図4-1　ファシリテーションが応用される6つの分野（堀，2003）

6つのタイプは便宜的に分けたものであり，実際には複数のタイプが重なり合ったケースが多く見られる（堀，2003, p.41）。

の学習（啓発，理解，体感）という側面が強いものなのか（縦軸）の二軸で整理をしている。これらの分類は境界線が明確に分かれているものではないが，得られる成果，つまりゴールによって場の種類を整理するのには役立つであろう。

　本書ではここまで「ファシリテーション」を行う際の心得と技術ということで，解説してきているが，ファシリテーションとよく一緒に使われる単語に「ワークショップ」がある。この二者の関係もここで再度整理しておきたい。元々，ファシリテーションとは，ワークショップの3つの必要条件の1つとして，場づくり（物理的な空間の場づくり），プログラムデザインと共に挙げられている（中野，2003）。このことから，「ワークショップ」とはある「場」の名称であり，その場のプロセスに関わる様々な技術をファシリテーションと区別するとわかりやすいであろう。ゆえに，ワークショップの場では，司会の代わりに「ファシリテーター」という名称でその場をマネジメントしたり，調整したりする人が存在していることが多い（しかし，ファシリテーターという名称の人がファシリテーターとして機能していないことが多々あるのもまた事実ではある）。

　ワークショップとファシリテーションは切っても切れない関係にあることは間違いないが，近年はワークショップと言われる以外の場，特に会議や教育の現場においても「ファシリテーション」が重要視されてきている。そのことを端的に表したものが先の図4-1と理解していただくとわかりやすいだろう。

　また，さらに進んで「ワークショップ型の授業」，「ワークショップ型の会議」という具合にそれぞれの場に敢えて「ワークショップ型」という言葉をつけて，従来の授業や会議とは異なるということを強調する場合も多い。例えば，「授業力向上の鍵—ワークショップ方式で授業研究を活性化！」（横浜市教育センター，2009）は，授業研究協議会をワークショップ型で行うことで意見を活発に出し合うなどの変容を試みようとしたその実践を報告しているし，上條・江間（2005）は，社会科の授業を「ワークショップ型」で行うノウハウについて解説している。

　以上のように，広義の意味では，図4-1に示された場を全てワークショップで包含することも可能であるが，本書では，ワークショップとは先の図4-1においては，②の集団・組織による合意形成型と定義しておく。

　以降では，ここまでに解説してきた，そもそも「意味ある場づくり」について（第1章），そして，ファシリテーターが常に気をつけておかなければならない心得（第2章），さらには具体的な場づくりの技術（第3章）を統合し，本書の意味でのワークショップ，さらに授業・研修といった教育的な場面，会議の場面，さらにはプレゼンテーションを準備・実施するときのファシリテーションの活用事例について紹介していく。

2 ワークショップに活かすファシリテーション

2.1 ワークショップとは？

ワークショップ（Workshop）とは元々は，「共同作業場」，「工房」という意味である。中野（2003）は「講義など一方的な知識伝達のスタイルではなく，参加者が自ら参加・体験し，グループの相互作用の中で何かを学び合ったり創り出したりする，双方向的な学びと創造のスタイル」（p.40）と定義している。つまり，ある場が「ワークショップ」として成立するためには，次の要件が必須となる。

ワークショップの必須条件

①複数の人が集っていること（個人作業の場ではないということ）
②集った人が相互に刺激し合い学び合うという相互作用のしかけがあること（ただ集まって並んで座っているだけではないということ）
③最終的には何かを生み出すということ（最終成果物があるということ）

中野（2003）によれば，参加，相互作用に加えて，「体験」ということがワークショップの中での大事な要素として加えられる。体験学習の基本の4つのプロセスは，図 4-2 に示された通りである。それぞれのステップについて，ファシリテーターがどのように関わるかということも合わせて記されている。体験学習の大事なところは，ただ体験したままに

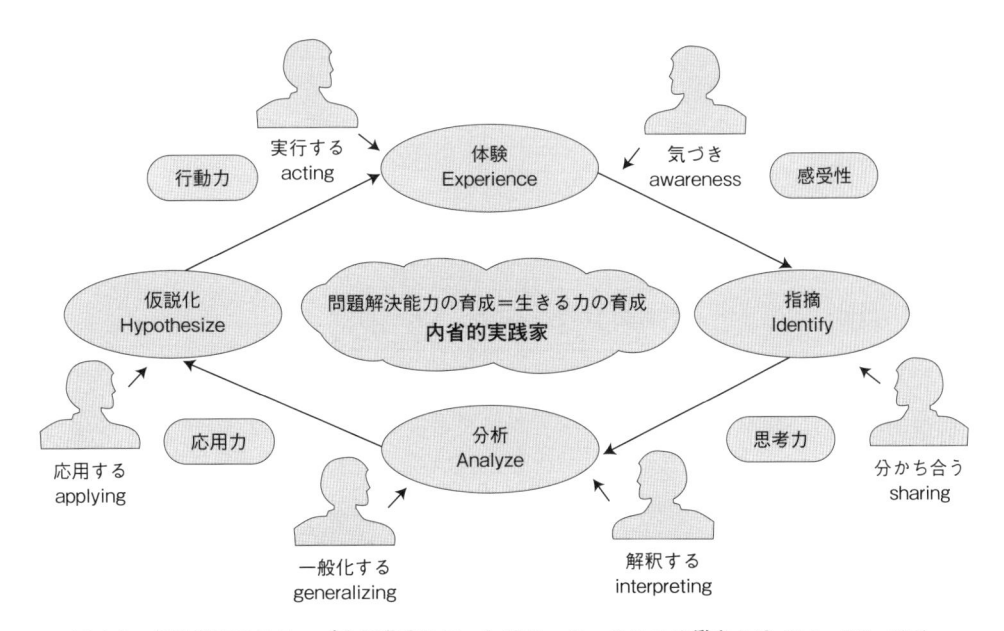

図 4-2 体験学習のステップを促進するファシリテーターの6つの働きかけ（津村・石田，2011）

するのではなく，それを指摘（体験の内省と観察）し，分析し（得られた経験を元に一般化する），それを仮説化して次の体験に活かすというサイクルをまわすことである。それぞれのプロセスを促進するためにファシリテーターが働きかけるということになる。

しかし，実際にワークショップという名前で開催されている場であっても，このような条件が満たされていないものは数多く存在する。ワークショップがワークショップとしての機能を果たすためにも，場づくりの基本をしっかり押さえておくことが肝要であろう。

2.2 ファシリテーションを活用した「ワークショップ」の実践例 ──「食を見直そう！ バランスの良い食生活」ワークショップ

本節では，実際に行われたワークショップの事例を紹介しながら，主にファシリテーションの準備，本番について解説していく。本例は，筆者が担当している「ファシリテーション演習」という大学院の授業で実際に企画・実施されたものである。二人の大学院生が実際に作成した，図4-3には企画の6W2Hを，図4-4にはプログラムデザイン曼荼羅図を，そして図4-5には進行表をそれぞれ示した。このうちの一人は食品関連企業に勤務しており，自分の業務でも似たようなワークショップを行う機会があるということから本ワークショップを企画・実施した。

企画名	バランスの良い食生活
目的（Why）	①自分の食生活をふり返る ②選ぶ力をつける ③正しい食生活を実践することができる
対象（Whom）	・区から募集を行い，応募した地域住民 　（WSでは役割分担しない）
主催者（w/Whom）	区および協力企業
日時（When）	2011年6月14日（火） 2011年6月21日（火） } 13：30〜16：00
場所（Where）	区の保健サービスセンター
内容（What）	①個人ワーク（食のふり返り） ②講義（バランスの良い食事とは） ③グループワーク（他人の生活を分析→自分の食生活の気付きへ）
手法（How）	①個人が食事内容記入 ②エプロンシアターによる食事のバランス説明 ③グループディスカッション
参加費（How much）	500円
その他の配慮事項	特になし

図4-3 「バランスの良い食生活」ワークショップの「企画の6W2H」

このワークショップは「食を見直そう！ バランスの良い食生活」というタイトルで、ゴール（目的）として、①参加者が自分の食生活をふり返る、②何を食べるかを選ぶ力をつける、③正しい食生活を実践することができる、という3つが挙げられている（準備段階のステップ①）。本ワークショップは都内のとある区の保健サービスセンター主催で開催され、対象はこのワークショップの募集に自ら応募してきた地域住民である。このことより、参加者の年齢、性別、職業は様々であることが予測されるが、一方、自ら応募してきているのでその場への参加意欲は高い人々が集まるであろうと判断できる（同ステップ②）。これらをふまえて、ワークショップ開催における制約条件を先の6W2Hフォームを用いて整理する（同ステップ③）。主催するのは、その自治体と協力企業（食品関連企業）であり、実際にこのワークショップの企画を立案しているのは、この企業の人であった。

ここまで整理された段階で、具体的なプログラムデザインに移る（同ステップ④）。図4-4が実際のプログラムデザイン曼荼羅図である。

このままではプログラムデザイン曼荼羅図を知らない人にはわかりにくいために、通常の進行表の形に変換する（同ステップ④）。図4-5に変換された進行表を示した。

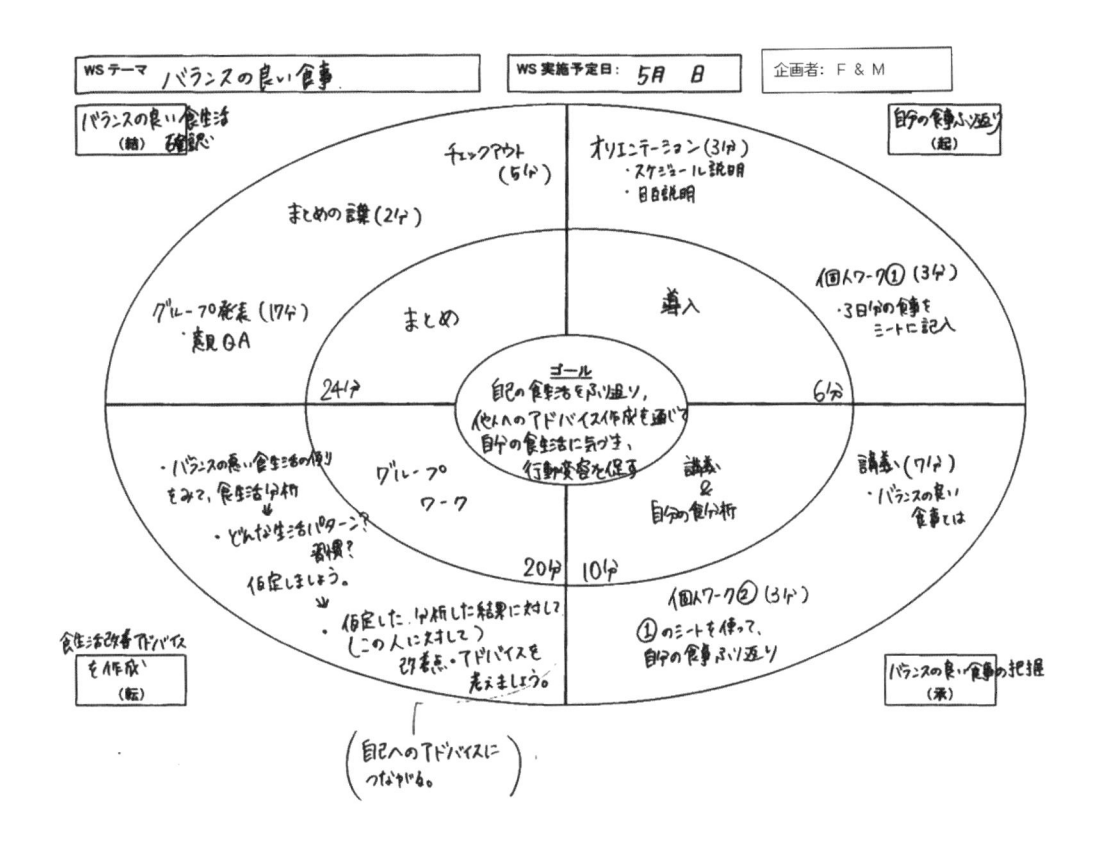

図4-4 「バランスの良い食生活」ワークショップの「プログラムデザイン曼荼羅図」

時間	進行	詳細	使用物
0	オリエンテーション (3分)	・このワークショップの目的 ・タイムスケジュールの説明 ＊ホワイトボードに曼荼羅図を書く　　　　　　　　　　　(M)	
3	個人ワーク① (3分)	・3日間の食事を個人で記入してもらう ＊用意したシートを使用　　　　　　　　　　　　　　　　(M)	記入シート
6	講義 (7分)	・バランスの良い食事とは何か？ ・食事バランスガイドの説明　　　　　　　　　　　　　　(F)	
13	個人ワーク② (3分)	・講義を受けて，自分の食をふり返る。個人ワーク①で作成したシートを使って。　　　　　　　　　　　　　　　　(M)	記入シート
16	グループワーク (20分)	・あるバランスの悪い食生活の人の例を提示し，講義を参考に食事分析（グループ分け）を各グループで行ってもらう。 ・どのような人物であるか，人物像と生活パターンを推測する。 ・その仮定に対して，生活改善のための，アドバイスをグループで考える。　　　　　　　　　　　　　　　　　　　　(M)	模造紙・ペン
36	グループ発表 意見QA (17分)	・各グループに分析結果，仮定，改善のアドバイスを発表してもらう。 ・各グループ4分（発表3分，他GPからの意見QA1分）　　(M)	
53	まとめの言葉 (2分)	・このWSを通じて，締めの言葉　　　　　　　　　　　　(F)	
55 60	チェックアウト (5分)	・一人一言ずつ（一人30秒）でこのWSを通じて感じたことを発表	

※ (F), (M) は担当ファシリテーターを示す。

図4-5 「バランスの良い食生活」ワークショップの進行表

物理的空間デザイン（図4-6）についてもあらかじめレイアウトを決めておく（同ステップ⑤）。図4-6に空間デザインを示してある。このレイアウトは，通常はワークショップには使いづらい縦に細長い形の部屋を，参加者が椅子だけを持って集まる場所とグループ作業をする場所として，うまく使い分けをしている。このような具体的な活動内容とどの場所をそのときにどのようなレイアウトで使うのかということもプログラムデザインの段階で決めておくと，当日バタバタと慌てずに済む。

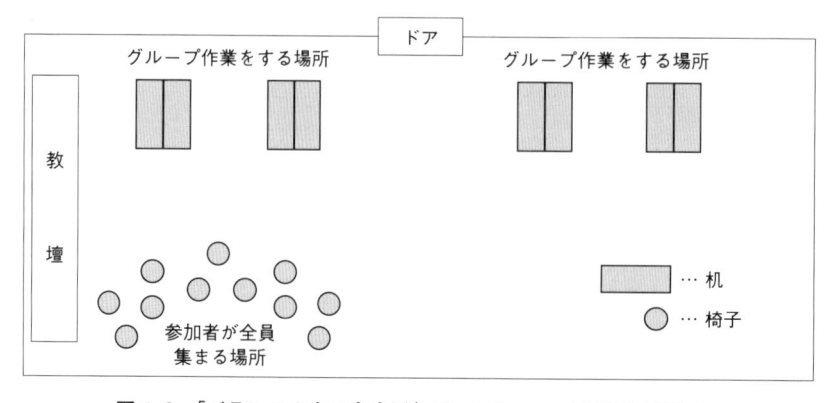

図4-6 「バランスの良い食生活」ワークショップの空間デザイン

2.3 ワークショップの実際

　以上，ワークショップの準備段階のステップを示したが，本番のステップについては，図4-5の進行表に基づいて説明していく。まず，オープニングまでの場づくり（本番の段階ステップ①）では，プログラムデザイン曼荼羅図をホワイトボードに書いて見えるようにしておく，空間のレイアウト，持ち物準備などをしておく。

　ステップ②のオープニングに該当するのが，進行表の「オリエンテーション」である。ここでワークショップの目的やタイムスケジュールを説明する。そして，まず自分のこの3日間の食事を思い出す「個人ワーク」（同ステップ④）を行う。このときには，思い出すためのワークシートが準備され，参加者がぶれずに同じ作業にすぐに取り掛かることができた。その後，ファシリテーターの方から食事についての簡単なレクチャーが行われ，レクチャーの合間に問いかけがふんだんになされて，参加者が自ら考える機会が多く与えられた（同ステップ②の「問いかけ」）。

　その後，先に作成した3日間の自分の食事を見直す個人ワークの後，グループワークでは，バランスの悪い食事をしている事例について参加者で意見を交換し，どのような人物であるか，改善のアドバイスについて意見を絞る（同ステップ③，および⑤）。最後に全体で各グループの意見の共有を行い（同ステップ⑥），ファシリテーターからのまとめの言葉，そして参加者一人ひとりのチェックアウトでワークショップが終了する（同ステップ⑦）。

　このワークショップに参加した感想としては，個人ワークで自分の3日間の食生活を見直すと，「意外にバラエティーがなく，同じものを繰り返し食べているのだな」ということや，「3日前でも何を食べたか，さっと思い出せないのだな」ということがあった。バランスの良い食生活というテーマから見ると，偏った食生活であることが，まず「自分の食事を見直すこと」だけではっきりと明示されたことは大いなる驚きであった。

　このようなワークショップの臨場感を紙面でお伝えすることは難しいが，同じ進行表であっても，一つひとつのファシリテーターのインストラクション，問いかけ，その間合いなどは，ファシリテーターが変われば全く違ったものとなり，それに伴って場の雰囲気や流れも変わるということは付加しておきたい。

2.4 ワークショップ実施者のふり返りコメント

　実際にこのワークショップを企画し，実施されたF氏からは，次のようなふり返りのコメントが寄せられている。

　　プロセスのふり返りがとても重要でした。目的からずれないように，目的を明確に，それに向けてどうすれば達成できるかを企画者同士で話し合うことによって，自分1人では出ないアイデアが生まれてきたように思います。今から考えると，相手の意見を否定しない（耳を傾ける），多様な意見を出す，また，会話を重ねることでより

内容が洗練されていったように思います。
　このワークショップの企画を経験したことにより，自分1人で考えるだけではなく，多様な意見に耳を傾けることの重要性を実感しました。以降，他者の意見を積極的に受け止める，多様なメンバーから意見を聞く，または，参加させる，ということを業務の中でも意識的に実行しています。自分だけのアイデアでは，発想が限定されるからです。

　プロセスのふり返り，そしてその場の目的からずれないこと，の重要性がここでも指摘されている。またファシリテーターとして，ワークショップを企画する際に学んだ，多様な意見に耳を傾けることを日々の業務でも実行する，つまり行動変容がもたらされたということも述べられている。

本事例のポイント　「グループワークのメンバーの関係性とゴール設定」

　本事例は，個人作業とグループワークを上手にバランスよく組み合わせたワークショップの1つの典型的なプログラムである。最終的なゴールは，グループで食生活の良くない事例についての改善のアイデアを出すというものであったが，それを通して，各自の食生活について見直し，改善を図るということをねらった，個人とグループの両方のゴールが設定されていた。

　その場限りでグループを組んでグループワークを行う場合は，最終的に参加者が持ち帰ることのできるゴールは，個人の行動変容とならざるを得ないので，その部分まで加味したゴール設定をすることが望ましい。

　逆に，職場内，学校内などグループを組むメンバーがその後も同じ組織である程度の期間共に活動をする予定であるならば，「グループとしての行動計画」に落とし込むのがよいだろう。

　ゴール設定は，参加者同士のその後の関係性まで加味して行いたい。

3 授業・研修に活かすファシリテーション

3.1 教師がファシリテーターであるということ

　授業や研修を何とか活性化したい，そういう想いでファシリテーションを授業マネジメントに取り入れようという動きは，近年教育現場でも見られている（上條・江間，2005；ネットワーク編集委員会，2011 など）。津村・石田（2011）は，教育者の4つのタイプを図4-7のように分類している。これは，教育のタイプが参加・対話型か伝達・指示型かという軸（図の縦軸）と，プロセスを重視しているのか，コンテントを重視しているのかという軸（図の横軸）の二軸で整理したものである。この図によれば，ファシリテーターとは「プロセスに関わり」「参加・対話型教育」を司る領域に分類される。その対座には「いわゆる学校教師」が分類されているが，教師とファシリテーターというのは果たして，対立概念なのか？という素朴な疑問が沸き起こるのではないだろうか。

　これは，第1章で触れた，リーダーシップのところとある意味類似する問いである。リーダーかファシリテーターか，という問いではなく，ファシリテーター型のリーダーということが可能であることをそこでは述べた。同じように，ファシリテーター型の教師であること，これがおそらく目指す教師像なのではないかと考える。その場その場の活動内容やゴールによって，ファシリテーターとしての役割に比重が置かれるときと，教授者としての役割に比重が置かれるときがあり，またインストラクターやコンサルタント的な役割を果たさなければならないこともあるだろう。大事な点は，今どの役割に比重を置くこと

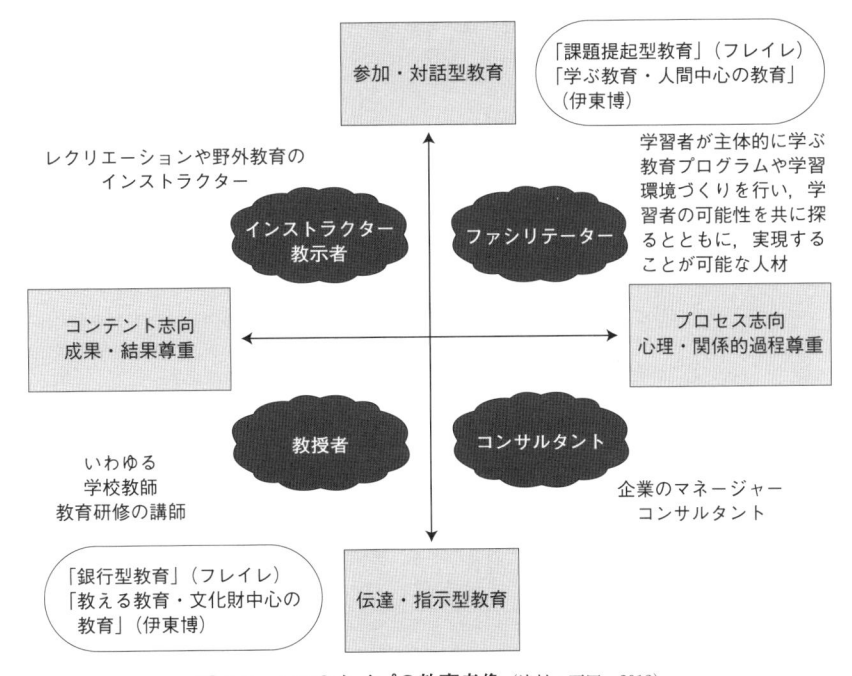

図4-7　4つのタイプの教育者像（津村・石田，2012）

がその場に相応しいのか，その場のゴールに合っているのかということを教師である自分自身がしっかり認識しておくことだ．

また，たとえ知識を伝授しなければならない教授者としての役割の比重が大きいときであっても，ファシリテーターとして学習者の知的活動を活性化する工夫はいくらでもできるのではないかと考えている．知識伝授の教育の場ではファシリテーションは不要と捉えずに，常にどうすれば学習者の主体的参加——体験学習だけではなく，批判的思考を促すなども含まれる——を促すことができるかを考えることが，ファシリテーター型教師のあり様ではないだろうか．

3.2　ファシリテーションを活用した「授業」の実践例

ここでは，筆者が担当している「ファシリテーション演習」という大学院の授業について紹介していく．この授業は，平日の夜3時間で行われ，半期分を合計8回の授業として実施している．まずは授業の制約条件，教室の状況などを企画の6W2Hで整理する（図4-8）．対象は主に社会人大学院生であること，授業の開始時間は18:30と遅い設定である

日　　程	201X年4月〜6月　毎週火曜日　18:30〜21:40（3時間）　全8回
タイトル	「ファシリテーション演習」
参加者の概要（Whom）	・H大学大学院（夜間）　環境系の大学院生 ・その他の科の学生，聴講生も受講の可能性がある． ・初日まで，最終的な受講人数は把握できない． ・選択科目→受講する人は動機づけは高いと思われる．
授業の目的（Why）	（背景）現在社会の抱える問題は極度に複雑化し，一人の人間が解決できる問題というのは非常に限られている．そのために様々な領域で「連携」が叫ばれているが，人がただ集まれば「連携」になるのではない．連携，連携とはいうけれど，何かうまくいかない，そういう経験をしたことがある人は少なくないであろう．人が集った場を「意味あるものにするためには」，「ゴールに向かって」きちんとプロセスをデザインしていく必要がある．そこで本演習では，人が何らかの目的で集う「場」（ワークショップ，授業，会議，研修など様々な場面）を参加している人にとっていかに意味あるものにするか，ファシリテーションの考え方とノウハウを応用して実際に「意味ある場づくり」のポイント，代表的な技法について学ぶことを目的とする． **本演習の具体的な行動目標** 本演習を受講した後に習得できる具体的な行動目標は以下の通り： 　（1）場づくりのそもそもの意味が理解できる（「意味」「意義」を考える） 　（2）コミュニケーションの基礎を体得できる（言語・非言語行動の両方を含む） 　（3）場づくりの基本的な技法を獲得できる（準備，実施，フォローアップの各段階において） 　（4）実際にワークショップを企画・実施できる（最後の演習発表）
誰と（w/Whom）	・H大学の授業 ・TA（ティーチング・アシスタント）のYさん（本授業の第一期受講生）
日時（When）	201X年4月〜6月　毎週火曜日　18:30〜21:40（3時間）　全8回
場所（Where）	H大学　教室（机・椅子可動式）
内容（What）	ファシリテーションの志と技法を学ぶ→詳細はプログラムデザイン曼荼羅図にて
手法（How）	講義，演習ほか
参加費（How much）	授業料

図4-8　「ファシリテーション演習」の「企画の6W2H」

こと，選択科目であるので受講を決めた学生は動機づけとしてはかなり高いことが想定されている。

このような長期にわたる授業の場合，プログラムデザインは2段階に分けて行う。まず授業全体のゴールと大まかな活動の流れをプログラムデザイン曼荼羅図で整理する（図4-9）。図4-9の曼荼羅図は授業の企画・実施に関わってもらうティーチングアシスタントと一緒に打ち合わせをしながら作成していった実物である。敢えて，手書きのものを掲載したのはきれいな活字で印字する必要はないということを示すためである。企画者の人数が多い場合には，ホワイトボードに大きな曼荼羅図を書いて誰からも同じようによく見える形で打ち合わせをする方が効率がよい場合もある。この曼荼羅図が，その後授業のシラバスのスケジュールの部分となる（図4-10）。これは，プログラムデザイン曼荼羅図から進行表への転換のステップに相当する。

8回の授業は，オリエンテーション（第1回目，起承転結の起に相当），知識・スキル提供部分（第2〜5回，承に相当），実際に大学院生によるワークショップ実施（第6〜7

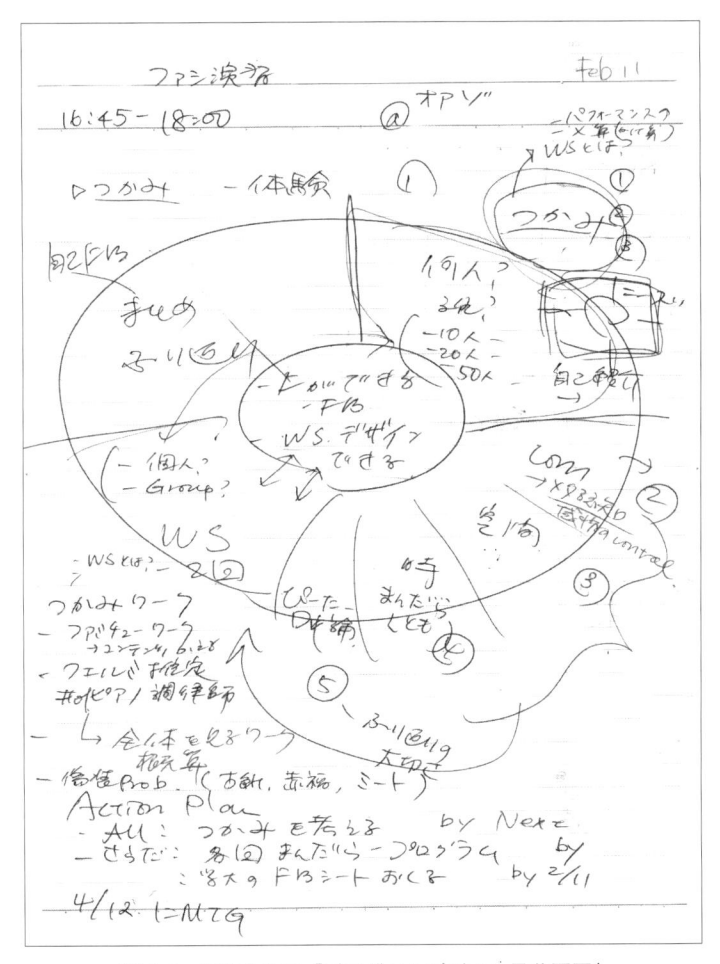

図4-9 授業全体の「プログラムデザイン曼荼羅図」

回	授業の概要（目的）	内容，備考	その授業日に提出する課題
1	授業オリエンテーション 場づくりの意味を考える	この授業の目的 「意味ある場づくり」とは何か？ ファシリテーションの概要 ⇒いくつかの具体的な事例 ミニワークショップ体験 ふり返りの意味を考える	（初回なのでなし）
2	ワークショップ体験	ワークショップ・ファシリテーションはどのようなものかをまず演習で体験する（プロセス観察を含む） プログラムデザイン曼荼羅図紹介	①各自がワークショップ（WS）をデザインしてみたいと思う現場の概要を500字程度で提出。
3	場づくりの基礎 記録の大事さ	空間のデザイン ライブレコーディング	①話合い観察チェック表を使ってのプロセス観察を実施，提出
4	プログラム・デザインの基礎	時間のデザイン プログラム・デザイン曼荼羅図などの企画ツールを応用する	①WSの対象となる人の概要，およびどのようなゴールか（参加者の行動変容）について，500字程度で提出。
5	コミュニケーションの基礎	基本は一対一のコミュニケーション 言語によらないコミュニケーション（非言語行動）について プログラムデザイン見直し	①曼荼羅図の下書き提出 ②企画の6W2H下書き提出
6	ワークショップ・プレゼンテーション（1）	受講生がデザインしたワークショップの実習	プレゼンの準備物提出（全員） ①曼荼羅図 ②6W2Hフォーム ③その他（T/A）
7	ワークショップ・プレゼンテーション（2）	同上	（提出物なし）
8	全体を通してのまとめとふり返り	全体を通してのまとめとふり返りも行う	（自らふり返りを！） 最終アンケート

※1回の授業は，3時間（2コマ分）

図4-10　授業シラバスより抜粋した授業スケジュール

回，転に相当），最後にまとめとふり返り（第8回，結に相当），という大まかな流れになっている。この授業のプログラムデザイン上の難点は，初回授業になるまでは「何人受講するかわからない」ということである。受講者数によって，グループサイズや（本番のステップ③），ワークの実際の行い方が変わってくるので，細かい毎回の授業のプログラムのつくり込みは，初回授業が終わってから行うことになる。

　次に，毎回の3時間の授業について，別のプログラムデザイン曼荼羅図で細部についても検討していく。図4-11は，授業のときにホワイトボードに書いてその日のゴールとスケジュールを示すために使ったものである。この授業はティーチング・アシスタントと2人で実施しているので，授業当日は進行表（図4-13）に沿って役割を分担しながら行う。プログラムデザイン曼荼羅図では大まかな授業設計を行い，進行表では役割分担を含め，具体的にファシリテーターがどのように動けばよいかのスケジュールを決めていく。プログラムは大体押せ押せになるので，少し余裕を持って活動を組み込んでいくのがよい。無理矢理に全プログラムをこなすのではなく，ときには，「捨てる勇気」をもって，時間切れ

になってしまいそうな活動は次の回に回すということもある。

　このようにプログラムデザイン曼荼羅図は，8回分の授業全体の設計のときと，1回ずつの授業設計のときとの2段階に分けて行うと全体のゴールと毎回のゴールの整合性を保つことが容易となる。第3章の図3-5で示した「曼荼羅図から普通のプログラム表への変換」で示した連続研修においても，この2段階のプログラムデザインを行っている。

　図4-12には実際の教室の空間デザインを示してある。この教室は縦に長い長方形であったので，教卓のある前方は講義型として，後方は「円形」，ホワイトボードを囲むようにした「楕円形」として使い分けた。必要に応じて，その他のグループ活動用に場面転換は行った。一言チェックイン，一言チェックアウトといった授業の最初と最後に行う活動（本番のステップ②，および同⑦）は「円形」で行った。こうすることで，参加者が全員対等な形でその場を開始・終了するということが空間デザインからも伝えられる。

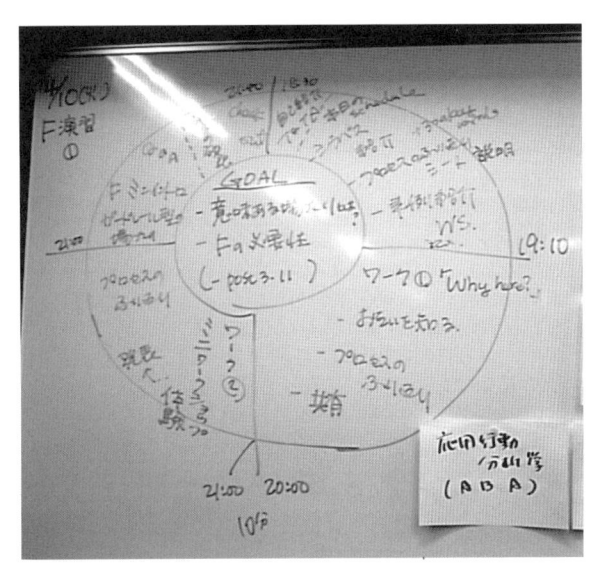

図4-11　1回の授業の「プログラムデザイン曼荼羅図」

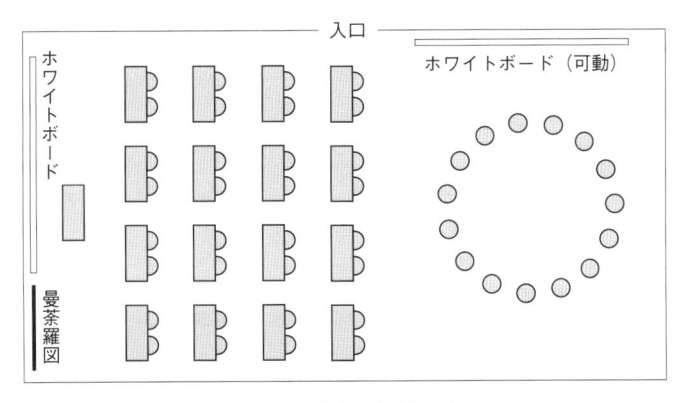

図4-12　授業の空間デザイン

事前準備

会場準備	H大学大学院　401　教室（可動式椅子，机）
備　品	パワーポイント，ホワイトボード（1つ）
消耗品で必要な物	1人に2枚A4判の白紙，付箋紙，セロハンテープ，模造紙，水性フェルトペン
配布物（コピーをお願いしたいもの）	PPT打ち出しプリント，ふり返りシート，授業シラバス，中野民夫さんのWS資料
三田地が持参	タイマー，ベル
その他	できれば事前に主催者の方と打ち合わせをしておく（担当K先生と実施済み）

当日進行表　18：30～21：40　（3時間＝180分）　（＋休憩10分）
※曼荼羅図をホワイトボードに書いておく

（展開）	時間配分	活　動　内　容	準備・配慮
（起） 30分	18：30 18：50 19：00	・**本日の予定＆オリエンテーション（30分）** ・**講師の紹介** （講師・TAの自己紹介と問題提起） 目的：参加者の不安を取り除き，安心して場に臨む。 ・授業の目的と期待される学習活動について説明する。 ・授業の全体スケジュールについて簡単に説明する。 ・最終WSについてアナウンスする。 ・Fが活用できる場面について ・復興の街づくり（VTR）	パワーポイント （紙芝居？） ふり返りフォーム 配布
（承） 60分 （休憩 10分）	19：00 19：50 19：55	**ワーク①「Why here?」ワーク（60分）** ・1人で考える→どんな問題意識を持っているのか言語化 ・受講者が15名以下だったら1つの輪で。 ・20名以上であれば，2～3のグループに分ける。 ・このワークから気付くことは何か。受講者の興味や関心，活動領域をお互いに知る。 ・プロセスふり返り用紙に記入する→少しシェアする （休憩　10分）	グループに分かれた場合は，TAがそれぞれに入る
（転） 70分	20：10 21：00 21：20	**ワーク②「ミニワークショップ　意味のないと感じる場⇒困っている場⇒不快に触れている場」** ・テーマは自己紹介の中から拾えれば拾い出す。 ・If not，「困っている場，無駄と感じる場は何か」をテーマ。 ・個人作業（5分） ・グループでの共有（6～7人のグループ）（15分） ・構造化（10分） ・グループ発表（10分）→本授業でのまとめ（10分） ・なぜ，困っていると感じるのか？　無駄と感じるのか？ ・意味ある場とは何か？ ・ふり返りシートに記入する→シェアタイム **ミニレクチャー「"意味ある場づくり"のためのFとは？」** ・Fの定義や応用分野といった基礎情報 ・ただし，人が集うところでの活性化した場という軸で本授業は進めていくことを明確化する（会議以外の場でも同じということを伝える）	付箋紙 水性フェルトペン
（結） 20分	21：20 21：30 21：40	**まとめ＆次回までの課題説明（5分）** **一言チェックアウト** ・今日のまとめと気付き，来週までにできることを書いてみる。 ・全体を通してのふり返り＆一言チェックアウト（2～3名で）	

図4-13　授業の当日進行表

3.3 授業の実際──同じプログラムでも毎回違った展開になる

　この授業のプログラムの基本形は，5年間大きく変わってはいない。しかし，毎年，全授業が終了した後に行うふり返りでは，翌年の授業改善への示唆がたくさん得られ，一見変わっていないように見えるプログラムが5年間で大きく変容している。また，受講生は毎年変わるので，参加者によっても場の流れ，場から生み出されてくるものは全く異なる。

　特に教育現場でのファシリテーターの役割を担うとき大切なことは，自分が想定していたこと以外（あるいは，以上）の何かが生み出されることを見落とさないということだろう。どうしても，授業という枠で教育目標を達成すればそれで良しとしてしまいがちであるが，常に自らも場から学び，また次の場に還元していくという姿勢を忘れてはならない。

3.4 授業を受講した学生の声

　現在，大学では授業終了時に授業評価アンケートを実施している。この授業についてのアンケートの自由記述欄で書かれた学生の声を一部紹介する。

- 実際の仕事の場で，実用的であった。
- 毎回得るものが多く，体に修得していける。
- 強力すぎる程，強力な技の数々を教えていただき，もっと多くの人に受けて欲しいと思った。
- 充実していた。
- 具体的であり体験学習だった。
- 多くのヒントを得ることができた。

　改善点としては，「内容が濃いので2学期に分けて授業をして欲しい」という声が聞かれていた。以上のように，実際の参加者にとっても何かが得られた，実用的であったということは授業のゴールは概ね達成されたと判断して良いと考える。毎回のプログラムデザインを丁寧に行うことの大切さが，受講生の感想にも反映されたと考えている。

本事例のポイント　「プログラムデザイン曼荼羅図は伸縮自在」

　本事例では，プログラムデザイン曼荼羅図を2段階に使って場のデザインを行うところがポイントとなる。まずはその授業（あるいは連続研修）の大きなゴールを明確化し，大まかな流れを設定する。次に毎回の授業について，別のプログラムデザイン曼荼羅図で設計する。いわば，プチ曼荼羅図と言える，その授業の回数分の小さな曼荼羅図ができあがる。曼荼羅図の強みは，全体の時間が1年であっても，1時間であっても同じフレームで行えるというところだ。常に全体のゴールと構成を見ながらプログラムデザインすることを担保するツールとして，曼荼羅図は威力を発揮する。

4 会議に活かすファシリテーション

4.1 なぜ会議にファシリテーション？——無駄な会議が多すぎる

　なぜ会議にファシリテーションが取り入れ始められたのか？　それは，意味あると思われる会議ができないから！と多くの人が答えるであろう。一般企業であれ，行政であれ，会議がない組織はまずなく，会議というのは，社会人であれば，誰でも経験する「場」だ。しかし，人がただ集っただけでは「意味ある」と感じられる会議が実施できない。困った会議の代表的な「症状」を次で列挙してあるので参照されたい。このような症状を改善するためには，工夫が必要である。その工夫が「ファシリテーション」ということだ。

困った会議の代表的な「症状」

①そもそも何のために集まっているのか，わからない。
②何を話し合っているのか，わからない。
③話合いがあちらこちらに迷走しがち。
④何時間もかけて議論したプロセスが無視され，最後の意見に引きずられる。
⑤いつも同じ人ばかりが意見を言っている。
⑥声の大きな人の意見が通っている（あるいは立場によって意見が言い辛い）。
⑦決めたことを後で覆す人がいる。
⑧会議の記録がきちんと残っていない。
⑨次回までに何をするのかが不明確である。
⑩決まったことが実行されない。

　上記のような「症状」は，おそらく1つや2つは自分の身近な会議で見られることだろう。ではこのような症状が見られたら，どのような改善策を立てればよいだろうか？　それぞれの解決の手立てを第3章のステップに照らし合わせ簡単に紹介する。

①そもそも何のために集まっているのかわからない。
　⇒準備のステップ①　その場のゴールを明確にする。

　これは，本書の一番最初に挙げた「意味のないと感じられる会議」の筆頭に挙げられるものだ。まずは何のために集まっているのか，その日のゴールは何かを確認することから始めるしかない。そして，そのゴールを参加者全員から見えるように示すことだ。

②何を話し合っているのかわからない。
　⇒準備のステップ①　その場のゴールを明確にする。
　⇒本番のステップ②　問いかけ（確認）

かなりの頻度で見られる症状である。このような場合には「今，どのテーマに沿って話しているのでしょうか？」と尋ねることで，全員で確認する。

③話合いがあちらこちらに迷走しがち。
　　⇒本番のステップ③　ライブレコーディング
こちらもお馴染みの症状である。迷走会議の特効薬はライブレコーディングである。模造紙やホワイトボードがない場合であっても，A4白紙1枚に1つの意見をキーワードや短いフレーズで書くという形で書いてどんどん壁に貼っていくパターンでもよい。ライブレコーディングの目的は「議論の可視化」であるので，それを愚直に行いたい。

④何時間もかけて議論したプロセスが無視され，最後の意見に引きずられる。
　　⇒本番のステップ③　ライブレコーディング
　　⇒本番のステップ⑤　意思決定のプロセス　など
人間は意外にその場その場で話合いをしている。それまでの議論のプロセスを積み上げることなく，突然出てきた意見に皆が引きずられてしまうときにも威力を発揮するのはライブレコーディングである。また，意思決定のプロセスをしっかり決めておくことが大事である。

⑤いつも同じ人ばかりが意見を言っている。
⑥声の大きな人の意見が通っている（あるいは立場によって意見が言い辛い）。
　　⇒本番のステップ④　個人作業
この2つの症状を撃退するには，個人作業を行うことが効果的である。まずは各自の意見を紙に書くということで自分の意見を見直しながら表現し，論旨がしっかりしたものにすることができる。全員が手元に書いた紙を持って順番に発言していくことで，発言者の偏りをある程度平均化することができる。

⑦決めたことを後で覆す人がいる。
　　⇒本番のステップ⑤　意思決定のプロセス
これも決められたことは後で文句を言わない，覆さないというグランドルールを決めておくことである程度防ぐことはできる。

⑧会議の記録がきちんと残っていない。
　　⇒本番のステップ③　ライブレコーディング
　　⇒フォローアップ①　記録の共有
正式な議事録にはならないが，ライブレコーディングで書かれた結果をそのままデジタルカメラに撮って保存という簡便な方法も取れる。それを元に正式な議事録を作成するこ

とも容易である。

⑨**次回までに何をするのかが不明確である。**
　　⇒本番のステップ⑤　合意形成から行動計画へ

　通常の会議では，行動計画が明確にされない場合が本当に多い。行動計画には必ず，「誰が」「いつまでに」「何を」という項目が明確に記されてなければならない。このどれかが欠けても，行動計画は実行されずなし崩しになってしまう。

⑩**決まったことが実行されない。**
　　⇒フォローアップのステップ③　行動計画のチェック

　せっかくできあがった行動計画が実行されたかどうか，必ず次の会議，あるいはそれまでにチェックをする。この事後チェックによって，決まったことを行わない人が浮かび上がってきたことが筆者の経験でもあった。

　以上のように，「何のための会議か」というところから始まって，「決まったことをしっかり実行する」に至るまでにはいくつもの試練（？）が待ち受けているのである。このプロセスが明確に行えないために，多くの人の貴重な時間が今日も「意味のない会議」で無駄に消えてしまっているのである。

　これまでに，特にビジネスの世界では，この会議を活性化するためのファシリテーションというテーマを扱った多くの書籍が出版されている（例えば，森（2011）など）。人がただ集っただけでは会議はうまくいかないのである。

4.2　ファシリテーションを活用した「会議」の実践例

　本節では，農薬メーカーの開発部長という立場で開発部の戦略会議をワークショップ型で行った例を紹介する。この会議の「企画の6W2H」は図4-14に，「プログラムデザイン曼荼羅図」は図4-15に示した。また，曼荼羅図から変換した「進行表」は図4-16に示した。

　2時間30分の会議の最初の5分が曼荼羅図の「起」の部分，45分が「承」，90分が「転」，最後の10分が「結」として展開している。このように起承転結は時間の長短にかかわらず，意味のつながりを表している。意味のつながりとはすなわち，参加している人にとって一つひとつの活動の流れがスムーズであることを意味する。活動間の関連性が不明確であると，「何で先の活動の後に，こんな活動をするのだ？」というモヤモヤした気持ちを参加者に抱かせることになる。

　「起」の導入部分では，ゴールの共有，アジェンダ（スケジュール）の確認，プロセスの確認，そしてライブレコーディングを行う書記の任命を行い，この場のガードレールをしっかりと建てている。「承」の部分では，この会社の強み，弱み，特徴を整理するという情

企画者：Y

企画名	開発部戦略会議
目的（Why）	取扱商品のポートフォリオを拡充するために，他社からの導入剤のターゲットを絞り込み中期的活動計画を策定する。
対象（Whom）	研究開発本部管掌役員および開発部企画課メンバー（計5名/Y除く） 研究開発管掌役員（2名） 殺虫剤開発担当マネージャー（1名），殺菌剤開発担当マネージャー（1名） 海外開発担当マネージャー（1名）
主催者（w/Whom）	研究開発本部開発部（Y）
日時（When）	201X年1月12日（木） 9:30～12:00
場所（Where）	本社会議室
内容（What）	現状分析とブレインストーミングを行い，導入計画の策定を行う。
手法（How）	ポートフォリオ／ギャップ分析 ブレインストーミング（ライブレコーディング） 意見集約／合意形成，活動計画の策定
参加費（How much）	社内会議のため生じない
その他の配慮事項	会議曼陀羅を貼り出し，会議のゴール，時間配分を意識させる。 肩書きに関係なく自由な発言を促すようなルール設定を行う。 フリップチャートを用いライブレコーディングを行う。

図 4-14　開発部戦略会議の「企画の 6W2H」

実施日：201X年1月12日　9：30～12：00　　　　　　　　　　　　　　　参加者：A専務，B本部，開発部員

開発部戦略会議

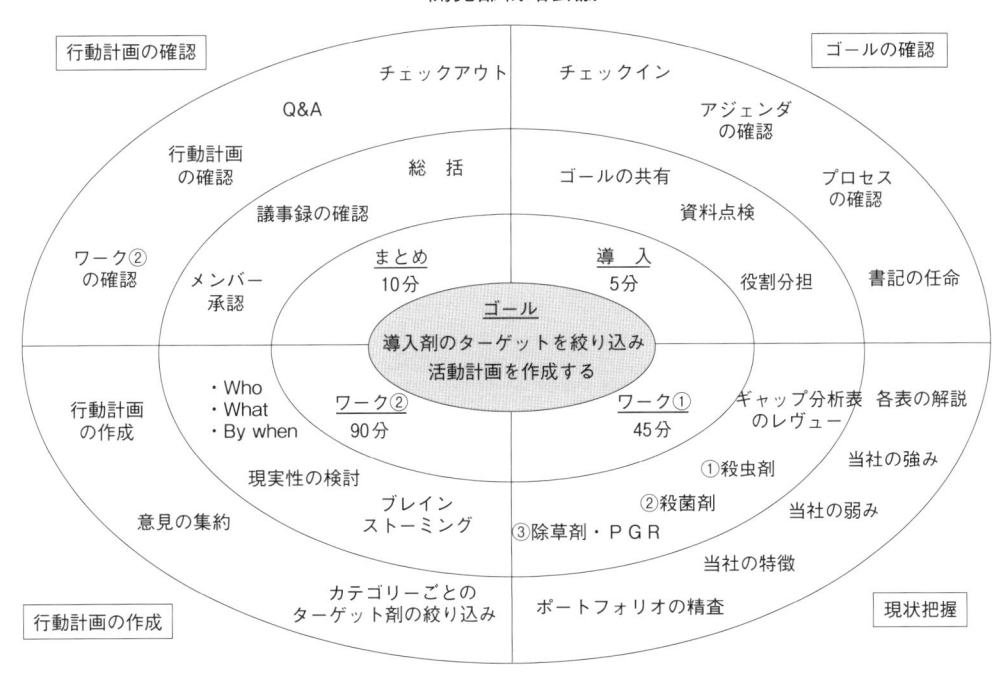

図 4-15　開発部戦略会議の「プログラムデザイン曼荼羅図」

報提供の部分である。「転」のところで，ブレインストーミングにより，新しい農薬の開発についてのアイデアをメンバーから募り，具体的な行動計画を作成，最後に「結」のところで，全員での合意形成，行動計画の確認，チェックアウトで会議が終了となる。

　図4-17にはこの会議の空間デザインを示した。ホワイトボードに加えて，模造紙も用意し，ライブレコーディングが十分できる空間を確保している。

企画名	開発部戦略会議（社内）	
準備するもの 　1. 模造紙 　2. 水性フェルトペン 　3. ホワイトボード（備付） 　4. PCプロジェクター		
時間割	活動	目的
導入 09:30～09:33 09:33～09:35	ゴールの説明 アジェンダの説明，役割分担	ゴールの共有 アジェンダの確認，責任の明確化
ワーク① 09:35～09:50 09:50～10:05 10:05～10:20	ギャップ分析（殺虫剤） ギャップ分析（殺菌剤） ギャップ分析（除草剤・PGR）	殺虫剤ポートフォリオの精査 殺菌剤ポートフォリオの精査 除草剤・PGRのポートフォリオの精査
ワーク② 10:20～11:15 11:15～11:30 11:30～11:50	ブレインストーミング 意見の集約 行動計画の策定	分野別の導入剤ターゲットの提案 導入剤ターゲットの絞り込み Who, What, By when を明確にする
まとめ 11:50～11:55 11:55～12:00	行動計画の確認 総括	行動計画の共有，合意形成 質疑応答・目的の達成度の確認

図4-16　開発部戦略会議の進行表

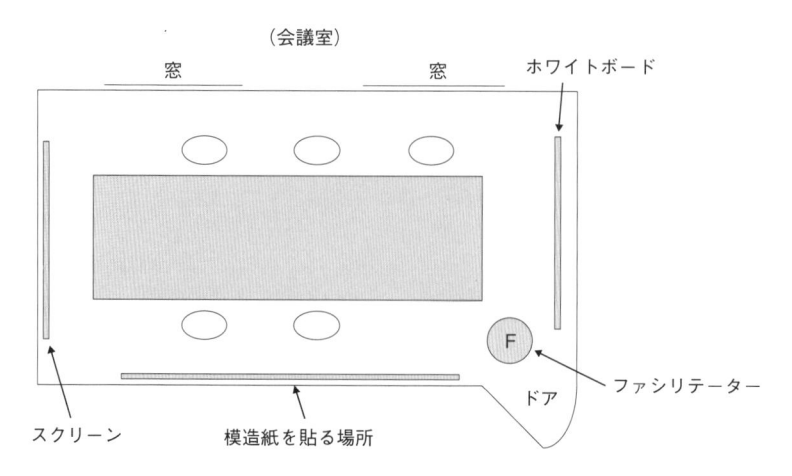

図4-17　開発部戦略会議の空間デザイン

4.3 会議の参加者からのフィードバック

　本節で次に紹介するのは，この会議の企画者Y氏が参加者から聴取したコメント・感想である。「良い点」と「改善点」の2つの側面に分けてある。

〈良い点〉
- 常に会議のゴールを意識することができた（曼荼羅図の中心）。
- 時間割と各自の役割が明確であった。
- 発言を模造紙に書き取ることで，各自の発言が明示され，議論の流れを確認することができた。
- 成果物を出すという意識が高まった。
- 会議に参加している自覚が持てた（通常の会議は一方的な説明や報告が多いので）。
- 書いたものが残るので後で議事録を作成するときに役立つ（書記役を任されても会議に集中できる）。

〈改善すべき点〉
- 会社内での序列が意識され100％自由な討議ができなかった（たとえルールが示されても）。
- 内容が盛りだくさんで時間が足りなかった（無理にまとめた感じ）。
- 参加メンバーが技術屋だけのため，本題から外れた技術の詳細な議論に入り込む傾向があった。
- 通常の会議と異なるため慣れるまで戸惑いがあった。

　以上についてのY氏の感想としては，「全般的にはいい反応だったと思います。実際に，参加者の1人は後の会議でもプログラムデザイン曼荼羅図を活用しています。（簡素なものですが）」ということであった。さらに，Y氏は場をデザインする側の立場としての感想を次のように述べている。

　　　自分の思い入れだけでは簡単に人は動かないですね。曼荼羅図のメリットを各自に自覚してもらう必要があります。特に会社組織で曼荼羅図を有効利用しようとすれば，トップダウンでやるか，有用性に気付いた人がしつこくその普及を図るしかないと感じています。会社それぞれに独自の会議文化と方法論を有しています。また，曼荼羅図だけのトレーニングを社内で実施するのは容易ではないので，まずは個人レベルで実践を重ね経験を積んでいくことが重要と考えます。

　実際に新しい方法を組織に取り入れていくためには，単発の場づくりをどうするか以上に様々な点でも改革が必要になってくるのである。この点についてもY氏は次のように述べている。

いずれにしても，企業の会議等で活用する際は，出席者の関係性（上司 – 部下）をいかに克服するかがキーになります。それに加えて，これは企業に限りませんが，その後のフォローアップの重要性です。具体的な成果（ビジネスの場合は端的に会社の利益）につながれば，自ずと会社全体で曼荼羅図の認知は高まりますが，農薬の場合は商品化までのスパンが長いので，いきなり最終ゴールを目指さず，まずは個人レベルで一歩一歩普及を試みています。

　具体的には，自分の影響を及ぼせる範囲（自分の部署）で，しつこく実践を積み重ねている最中です。お陰さまでライブレコーディングなどは，部員が意識して実践するようになりました。

　ここでも示唆されていることは，いきなり一気に改善するのではなく，少しずつ，自分ができる範囲で小さく変革していくということ，および継続してその変革を実行していくことによって，ライブレコーディングといった具体的なスキルを他のメンバーも実行するようになるということである。このように，地道な実践の繰り返しが「良い場づくり」への変革のプロセスなのである。

本事例のポイント　「ファシリテーションは魔法の杖ではない！」

　会議にファシリテーションのスキルを取り入れれば，それまでの困った状況が全て解決し，理想のような話合いが展開される，と期待したいところではあるが，世の中はそんなに甘いものではない。特に，社会的地位が強く発言権に影響したり，その組織のそれまでの慣習が強硬な場合，少し聞きかじった程度の者がファシリテーションで全て解決してやる！と思ったとしても，理想通りにはいかないだろう。

　ファシリテーションは，そこまで何でも解決できる魔法の杖ではなく，知っておくとかなり場は引き締まるし，変えることもできる便利なツールだというくらい力を抜いて用いるのがよいだろう。

　何ともはや自分のような新米（あるいは若手）には何もしようがない，そんな場合でも，ぜひとも試みていただきたいのが，ライブレコーディングである。『板書の極意』（八木，2008）では，大手企業で新入社員だった著者がこのライブレコーディング（板書と言っている）をひたすら行ったことで会社の会議をどのように変革していったかのプロセスが描かれているので，是非参考にされたい。

5 プレゼンテーションに活かすファシリテーション

5.1 プレゼンテーションも「場づくり」である

この章の最後の事例紹介には,「プレゼンテーション」という場である。プレゼンテーションはこれまでの事例とは異なり,基本的には,プレゼンターと聴衆という「一対多数」のコミュニケーション様式を取る。基本的に情報発信,話をするのはプレゼンター側であり,聴衆は受け身的に聴くというスタイルである。実は,このような場づくりにもファシリテーションのノウハウが役に立つ。

プレゼンテーションというと,何かを「説明する」と思い込み,ひたすら詳細な説明を行う人が少なくないが,これは参加者無視のプレゼンと言われても仕方がない。プレゼンテーションにもやはり「ゴール」があり,それは「参加者目線」で考えられたものでないと聞かされているものは「何のためにこのプレゼンテーションを聞かされているのだろうか」という気持ちになりかねない。ここで二つの話を似たような話を示そう。各々について,どう感じられるだろうか？

パターンA　あるところに一休さんというお坊様がいました。一休さんは,ある日いつものように6時に起きてお経をあげ,それから芋粥の朝ごはんを食べました。午前中は境内の掃除をし,午後は近くの檀家さんの家に行って帰りました（以下一休さんの一日の生活の話がつづく）。

パターンB　あるところに一休さんというお坊様がいました。ある日,檀家さんに呼ばれた一休さんはいつものようにボロボロの袈裟をまとって出かけました。ところが,檀家さんの入り口で「何しに来たんだ,この薄汚い坊主は」と言って追い払われてしまいました。一休さんはお寺に戻って,今度は立派な紫色の袈裟を着て出かけました。すると今度は檀家さんは「どうぞ,どうぞ御待ちしていました,お入りください」と大変な歓迎ぶりでした。一休さんは「あなた方が待っていたのは,この袈裟ですね」と紫の袈裟をおいて帰ろうとしました。檀家の一家は一休さんに大層なお詫びをして,その後の話を熱心に聞きました。

おわかりのようにパターンBには,表現されている内容から読み手が学ぶべき教訓,すなわち今後の行動指針となるヒントが読み取れるものである。パターンAは,だから何なのだ？と言いたくなる話である。パターンAのような話は「So What？（だから何？）」,パターンBのような話は「Oh Yeah！（なるほど）」となる。雑談ならばともかく,プレゼンテーションとして,話を一方的に聞かされる立場として,どちらの話を聞きたいか,答えは明白である。このパターンAとBの関係を図示したのが,図4-18である。表現された話だけで終わってしまうか,相手に伝えたい「核」の部分があるか,これが

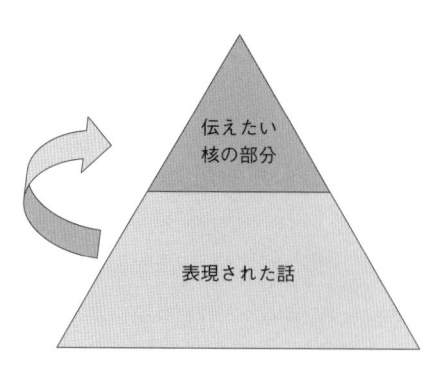

図 4-18　話の二層構造性

パターン A と B の分かれ目である。プレゼンテーションを聞いてくれる人の立場に立てば，できるだけパターン B のように組み立てるのが「意味ある場づくり」という視点では大事であろう。

教育現場でよく見られる「研究発表会」はパターン A のものが少なくない印象である。そのような発表の多くは，「本校は，今年度，このような実践をやりました」で終わっている。このパターンの報告では，「それは良かった，頑張りましたね」ということ以上のことが伝わりにくい。その実践から他の学校の教師にも汎用できる「何か」があるのかないのか，あるのだったらそれは何なのか，一般化してもっと具体的に伝えなければ，聞いている人はその実践が自分たちにどのように関係あるのかがわからない。聞いている情報が自分に関連づけられたときが「意味あるもの」として捉えられるときだからである。

一方，ビジネス・プレゼンテーションでは，この「核」，伝えたい部分が「自社商品を買ってもらう」などの具体的な行動になっていることが多い。「自社商品に興味を持ってもらう」では不十分である。興味を持とうが持つまいが，商品を買ってくれないということでは，その会社にとっての結果は同じだからである。ゆえに「買う」という具体的な行動が設定されているのである。この点においては，参加者同士が話し合って，合意形成をして行動計画を立てるというワークショップの場とはプロセスもゴールそのものの設定も違うことには留意されたい。

ファシリテーションとしてプレゼンテーションをデザインするということは，ゴールの明確化，参加者の動機づけの確認，制約条件の整理が基本であり，プレゼンテーションの本番の際には，どれだけ効果的な「問いかけ」を挿入できるかが要であろう。

5.2　ファシリテーションを活用した「プレゼンテーション」の実践例

ここでは実際に学生が作成したプレゼンテーション用の企画の 6W2H（図 4-19）とプログラムデザイン曼荼羅図（図 4-20）を紹介する。ゴールは商品開発企画部で新しく開発された，新作スイーツをプレゼンテーションを聞いた人が自分のブログで紹介してくれること，である。これは単に新作スイーツに興味を持ってもらうというよりは具体的である。

5 プレゼンテーションに活かすファシリテーション

企画者：YC	★自分の立ち位置：コンビニ経営会社の商品開発企画部の社員
プレゼンテーション名	スイーツで暑さをふき飛ばせ!!
目的（Why） （聞き手の行動変容）	対象者のそれぞれのブログに，新作スイーツの写真・感想を載せてもらう。
対象（Whom） （聞き手の興味の度合いを含めて）	年齢：20代（女性のみ）　約20名 スイーツ好きで，スイーツに関したことをブログに載せているブロガー
主催者（w/ Whom）	コンビニ経営会社 商品開発企画部・宣伝部
日時（When）	6月12日土曜日（14:00～16:00予定）　※実際は4分で実施
場所（Where）	（コンビニ経営会社） 都内にある本社の会議室
内容（What）	今年の夏に出す新作スイーツについて テーマ説明→パッケージ・商品説明→販売期間・値段説明→試食（撮影を含む）→質疑応答→アンケート
手法（How）	・配布した冊子を使った説明 ・試食
参加費（How much）	参加費なし
その他の配慮事項	対象者はデジタルカメラを持参。対象者には当日ドリンク提供。冊子の他にもコンビニで使える割引券を配布。

図 4-19　プレゼンテーションの「企画の 6W2H」

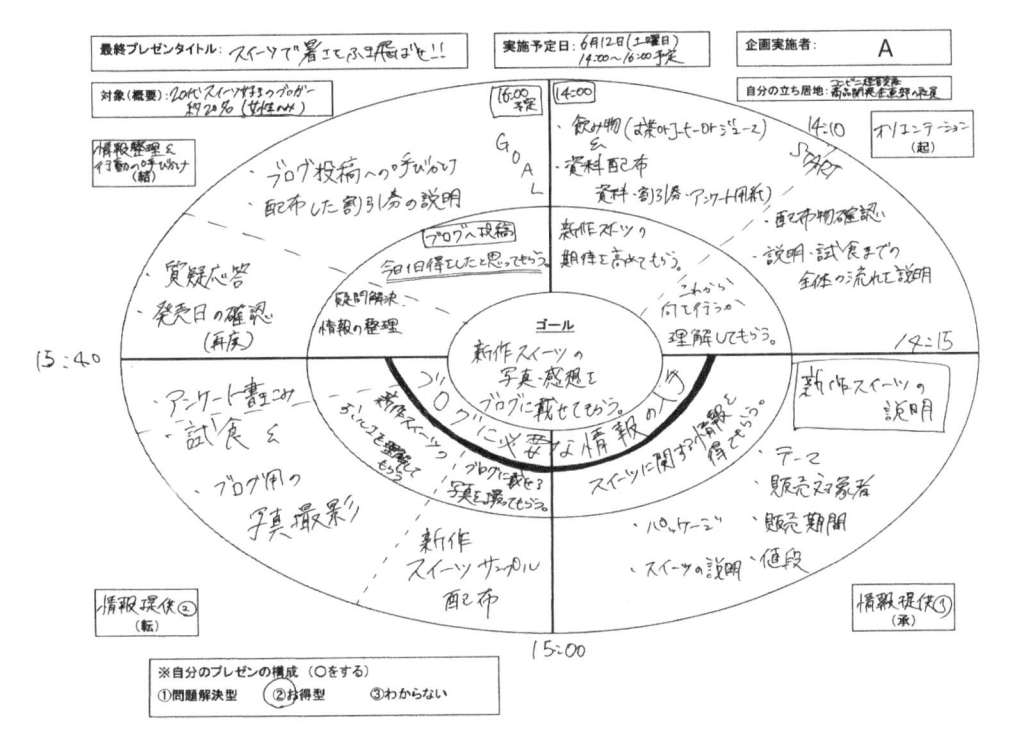

図 4-20　プレゼンテーションの「プログラムデザイン曼荼羅図」（実際は 4 分で実施）

具体的な行動というのは，その行動を行ったかどうかが誰が見ても明確にわかるということである。このような定義も第5章の応用行動分析学からヒントを得ている。ゴールを具体的な行動として設定しておくと，そこに向かうためにはどのような流れになっている必要があるかという視点でプレゼンテーションの全体像を見直すことができる。

5.3 プレゼンテーションのゴール設定も科学的に──応用行動分析学の視点

プログラムデザイン曼荼羅図の左下の欄の「自分のプレゼンの構成」というところには，①問題解決型，②お得型，③わからないという項目がある。これは，次の第5章の「応用行動分析学」の原理からプレゼンテーションを見直そうとしたときのチェックポイントである。①は「負の強化」の原理がその背景にある。②は「正の強化」の原理がその背景にある。前述したように，商品を売るという際には①負の強化の原理を巧みに使っているものの方が多い。これは「今，○○で困っている方，うちの製品の×××を使えば，その問題は一気に解決！」のようなパターンで展開するプレゼンテーションである。つまり，その製品を使うことで，困っていることが解決できる（＝消失する）というパターンである。ここまで，論理的にゴール設定を考えてプレゼンテーションを組み立てておけば，聴衆に飽きられることは少なくなるだろう。

以上のようにプレゼンテーションを企画・実施するときにファシリテーションをどのように活用するかを見てきた。プレゼンテーションは，ワークショップや授業，会議とは違うコミュニケーションスタイルではあるが，参加者（プレゼンテーションの場合は聴衆）とのコミュニケーションをいかに活性化するかという視点を持って臨むことが大切なことなのである。

本事例のポイント「プレゼンテーションも"場づくり"なのだ！」

一度，ファシリテーションを「会議を活性化する技法」と思い込んでしまうと，その他の場面には応用できないという思い込みが発生しやすい。また，「会社の会議を活性化するファシリテーション」は「病院」「学校」には関係ないという風にも受け取られがちである。

自分の専門とは関係がない，自分の現場とは違うと頭から様々な情報を遮断してしまうのではなく，「これは自分だったら，自分の現場であったら，どのように活用できるか」という視点で捉え直すトレーニングをしておくと何でも自分の教科書となるだろう。そういう意味で，プレゼンテーションも場づくりの1つと捉え直してみていただきたい。

第5章
ファシリテーションの技と志を
つなぐ基礎力トレーニング

1 スキルはむやみに使ってもダメ──基礎力が必要

　前章までで，ファシリテーターが常に心がけていなければならない，志（マインド）を具現化するための5つポイント（2W3B）（第2章）と，実際に場をつくり，場を実行し，その後のフォローアップをうまく行えるための15のステップで組み立てる技（スキル）（第3章）について解説してきた。さらにそれらを活用した具体的な場づくりの実際についても紹介した（第4章）。本章では，第2章の図2-1（p.16）でお伝えした，志と技の間をつなぐ2つの基礎能力である，「観察力」と「コミュニケーション力」について取り上げ，それらをどのようにして，トレーニングするのかについての方法をお伝えしていく。さらに，そもそも人間行動の基本原理とはどういうものなのかを心理学の一分野である「行動分析学」の視点から読み解いていく。

2 観察力のトレーニング
──技を使うタイミングを見抜く基本中の基本

　「観察力」。実は全ての技（スキル）がどれだけうまく機能するかは，この力に尽きると言っても過言ではない。そして，観察する際の大事なポイントは余計な解釈を入れずに「ありのままの現象」を見ることができるか，というところである。加えて，ぼーっと見るのではなく，神経細やかにその場で起きていること，その場のプロセスを見抜くということ，これは相当訓練をしないと獲得できない基礎能力である。基礎能力と言っているが，実は高度な能力なのである。ファシリテーションに限らず，カウンセリングやコーチングなどの技を体得しようとするとき，どうしても言語化されているスキルをすぐに実行したくなる気持ちが湧き起こってきやすくなる。しかし，どのような技であっても，それがどういう状況のときにどのように実行するのがベストなタイミングであるのかを見抜けるのは，この「観察力」あってのことなのである。
　実際，優れたファシリテーター，カウンセラー，教師，臨床家などのヒューマン・サービスに関わる立場の人で，「あの人は臨床（実践）がうまいなー」と感じさせてくれる人は一体何がそうさせるのかと見直してみると，結局は「よくその場が見えている」というこ

と，つまりは「その場にいる人の反応がよくわかり，それに応じた言動ができている」ということなのである。この「その場にいる人の反応がよくわかる」が観察力にあたり，後者の「それに応じた言動ができる」というのが，コミュニケーション力に相当する。

しかし，いわゆるスキルを紹介している書籍で観察力を重要視して取り上げているものはあまり多くは見られない。それは，この「観察力」そのものが，様々な横文字で綴られるような「スキル」と比較した場合に，それほど見栄えがするものではないこと，この力をつけるためには地道なトレーニングを要するということなどから，即効性——すぐに使える，すぐに効果がある——を求める読者のニーズには適さないからではないかと推測している。

2.1 その場をまず観察する——場の観察アセスメント

観察力をトレーニングするための具体的な進め方として，まず自分が関わっている「場」をじっくりと客観的に見ることである。繰り返し述べるが，書籍などで聞きかじったスキルをむやみに使う「前に」，その場で何が実際に起きているのか，使おうと思ったそのスキルはその場に相応しいものなのかという根拠を明確にするためには，まず「場を見る」ことが必要なのである。それは丁度，新しい薬が実用可能になったといってむやみに医師が使うわけではなく，最初にきちんと診察して診断を下し，その症状ならばその薬が適切であると判断してから処方するのと考え方のフレームとしては同じである。

つまり，場の観察を行うというのは「場のアセスメント」にほかならず，どこが問題なのか，どこが良い点なのかをまずしっかり認識してからスキルを使う，というプロセスを経ることが大事だということである。

まず場をしっかりとアセスメントする際に，「場の観察アセスメントフォーム」を用いる（図5-1）。これはいかなる場面にでも使えるものである。一番左は時間経過を書き込む欄である。その次の欄は「その場で起きていること」をそのまま書き出す欄で，右側の列は「自分の内側で起きていること」を書き出す欄である。これは第2章で解説した心得の2. プロセスを見るのところで紹介した外のプロセスと内なるプロセスに対応している。図5-1に記入されたものが示されているので，それを参考にされたい（ブランクフォームは巻末資料C）。

この例でもおわかりいただけるように，記録を取り始めると，どのような「場」であっても，相当な情報量が飛び交っていること，それぞれの瞬間に自分の中でも様々なプロセスが生じていることに気付くであろう。また，その場で何が起きているのか，自分がそのときどう感じているのかに着目して記録をすると，通常は自分の興味・関心がある部分のみがクローズアップされて記憶痕跡として後に残っているということがわかる。つまり，自分のフィルターを通しての偏った記録になってしまっている可能性が高いということである。そうならないためにも，まずはその場で起きていることを客観的に記録するというトレーニングを常日頃から繰り返し行うとよいだろう。

観察日：1/16	観察場面：環境シンポジウム		観察者：三田地
Time：	その場で起きている客観的な事実	気づいたこと，感じたこと，感想，疑問（自分の主観）	
9:00	シンポジウム開始時間になるが，アナウンスはまだない。	時間通りに来ているのに，まだ始まらないのかな。	
9:02	「まだ遅れている人がいるので，5分程度お待ちください」と司会者らしき人が言う。遅れて入室する人が数名。	せっかく，早めに出てきたのに，どうして遅れる人を待つのかな……。（いつもそう思うけど）あの人たちが遅れてきた人か……。	
9:10	「もう少しお待ちください」というアナウンスがなされる。	えー，これ以上待つの？ 早くに来たのに，何か納得いかないなー。資料でも読もう。	
9:13	「大変お待たせいたしました，これから環境シンポジウムを始めさせていただきます」	おー，やっと始まった。やれやれ。	
9:14	「本日のシンポジストをご紹介させていただきます。それでは，シンポジストの方，壇上にお上がりください」「シンポジストのお一人，B氏は少し遅れていらっしゃいますので，到着次第ご紹介させていただきます」（以下続く）	あの人たちがシンポジストか……あれまー，シンポジストも遅刻とは……	
■自分としての気づいた点　（If any）			

図 5-1　場のアセスメント記録表（記入例）

2.2　事実と解釈の切り分けがポイント──外のプロセスと内なるプロセス

　この「場の観察アセスメントフォーム」に書き込む際に留意していただきたい点は，自分の目の前で繰り広げられている様々な事象をどれだけ自分の解釈と切り離せるかということである。例えば，ある場面で誰かが「こんな話合い，何の意味があるんだ！」と発言したとしよう。自分がファシリテーターとして関わっている場合に，そのように言われてしまったとき，瞬時に「何でそんなこと言うんだ！」「人が一生懸命にやっているのに，場を乱すような発言をして！」などなどネガティブな感情が湧き起こる可能性が高い（絶対ではないが，そうなる確率が高いであろう）。そういうときに，ややもするとその場で起きていることに，この自分の瞬時に湧き起こる感情が入り混じる形で，「客観的に観察した結果」となりやすいのである。先の例で「○○さんは『何でそんなこと言うんだ！』と言って場を乱した」と記録したとしたら，後半の「場を乱した」という表現は自分の解釈にしか過ぎないということである。

この事実と解釈の切り分けをすることは，相当に何度も練習をしないとなかなかさっと行うことは難しい。事実を書くときのポイントは，できるだけ「具体的な行動で書く」ということである。先の例であれば，「〇〇さんは『何でそんなこと言うんだ！』と言った」で終わりである。その行動について自分が何をどのように感じたか，そこを書き取るのは右の欄ということになる。つまり，「（その発言を聞いた自分は）やばい！と感じた」あるいは「場を乱した」というような表現になろう。こういう自分の中で起きているプロセスを書き取るのが，右の欄の役目である。この2つの欄を隔てている縦線が自分の「皮膚」と考えてもらうとわかりやすいかもしれない。自分の皮膚の外で起きていることは左，皮膚の内側で起きていることは右という具合に切り分けて書いていくのである。

　第2章で述べたように，人間は感情の動物であり，感情が湧き起らないようにと押し殺すことはできないので，起きてくる様々な感情を事実から切り離して書き留めるのがコツである。

　普段の生活でも私たちは感情と事実を融合させながら話をしている。たとえメディアの報道であってもそうである。「今日は朝から晴れるでしょう。このお天気を大事にしましょう」という表現には，「晴れは良い」という暗黙の価値観が潜んでいる。逆に雨の場合，寒い場合，暑過ぎる場合，全て困った困ったというマイナスのニュアンスを伴って表現されている。しかし事実としては，「太陽が照っている」だけであり，気温が「氷点下」というだけなのである。

Column　日本人は事実と解釈の切り分けが苦手？

　アメリカの大学では，Summary & Response（要約と反応）という課題を何度もやらされていました。何か論文を読んだときに，まず「要約」する，つまり自分の感想（賛同する，反対するなど）を含めずに中立的な立場（ニュートラルな立場）でその論文の著者が「この論文で言おうとしていることは何か」を自分の言葉でまとめること，次に「反応」する，つまり自分の考えを思いっきり述べること，と繰り返し指導されました。

　日本に戻って改めてこのSummary & Responseの意味を考えてみると，これこそが「事実と解釈の切り分け」トレーニングではなかったかと気付かされました。そして日本の学生さんたちにもこのトレーニングを行ってきていますが，日本の学生にとっては難しいということに気付かされました。これはなぜかと考えますと，日本では小さい頃から「感想文」というフォーマットで人の文章を読んだ後に文章を書かせる練習をしているからではないかと推測しています。

　この推測はあくまでも個人的な推測にしか過ぎませんが，この事実と解釈の切り分け作業を，特に対人的な場面に関わる際にしっかり行えることが，自分の次の言動をどのようにするかの意思決定に役立つと思います。

2.3　会議や話合いの場合——話合い観察チェック表

「場の観察アセスメントフォーム」は，どのような場であっても使用可能であるが，特に「会議」や「話合い」という場面であれば，図5-2の「話合い観察チェック表」フォームの方がそれに沿った項目が含まれているので，記録には適している。これは，大きく3つのパートに分かれており，一番上の4行が話合いの「前に」記入しておく部分，真ん中

記録者：三田地

開催日	2012年5月27日	予定時刻	15:00～ (終了時刻未定)
参加者人数・構成	A氏（営業部長），B氏（営業課長），C氏（営業部社員），三田地（外部コンサルタント）	実際に要した時間	15:10～17:20
司会	B氏	記録係	決めないまま開始
そもそも何のための会議なのか（目的）	商品開発部D氏から，営業成績の不振を指摘され，営業戦略の建て直しを行うために召集された会議	その日の成果物（会議で生み出す物）が明確にされていたか？（目標）	不明
話合いのプロセス		良かった点・改善点	
15:10	全員が揃う。	開始時間がすでに予定より10分遅れる。	
	営業部長A氏から商品開発部D氏から出されている営業部への不満の訴えについて資料もなく話が始まる。 それについて各自がその時々に感じたことを言っている。	話のポイントがあちらこちらに飛んでわかりにくい（事実とD氏の解釈とが入り混じっている） 誰も記録を取っていないので，同じ意見が何度も出されている。	
16:00	C氏が「売れないのは，商品開発部が怠慢で売れる商品を作らないからだ」と発言。 それに応じて，他のメンバーも商品開発部の不満を述べ始める。	本日のテーマから逸れてしまっているが誰も軌道修正しない。 一体，本日のゴールはどこにあるのかと思いながら話を聴いている。	
16:30	各自，自分が営業現場で困った経験をした話を次々にし始める。それに触発されてまた他の話が始まる，という繰り返し。	解決策はどうなっているんだ……。モヤモヤ増大。	
17:00	三田地が見かねて「今日は何時まで話合いでしょうか？」と尋ねる。 ようやくもとの営業戦略の話に戻る。		
17:20	最終的には具体的な行動計画は決まらず，再度話合いを持つということで解散。	2時間近くかけて，何の成果物も出なかった！ 次回の話合いの日程も決めていない。	
成果物	なし。次回の話合いの日程も未定のまま。		
場の雰囲気	㊀良い・悪い・わからない（その理由は？） 各自，言いたいことを言ってすっきりしたという感じでは，場の雰囲気は良かった。		
自分の気持ち	満足・㊀不満足・わからない（その理由は？） 多人数が2時間余もかけて話合いをしたにもかかわらず，何も成果物がなかったから。		
総合評価	（　　10　　/100点）　（その理由は？） 皆の気持ちがすっきりしたという点だけが評価される。話合いとしては未熟なレベル。		

図5-2　話合い観察チェック表　記入例

の広い部分が 2.1 と同様に話合いのその場の状況とそのときの自分の内側で起きているプロセスを書き取る部分，最後の 4 行が話合いが終わった後にチェックする部分である。

それぞれの項目についての書き方のポイントは以下の通り。なお，ブランクフォームは巻末資料 D に添付してあるので参照されたい。

それぞれの項目についての書き方のポイントは以下の通り。

1) 話合い前に記入しておく項目
   - **開催日**　　会議の予定日を書く。
   - **予定時刻**　　その日の会議は，「開始前に」何時から何時までを予定していたのかが，参加者で共有されていたかを記録する。開始時刻のみ決められていた場合は，「終了時刻は不明」と書く。
   - **実際に要した時間**　　実際に話合いが行われたのは，何時から何時までなのか（この項目は，会議が終了した後に書き入れる）。
   - **参加者構成**　　参加者の概要，および参加人数を書く。
   - **司会・記録**　　担当した人を書く。
   - **そもそも何のための会議なのか（目的）**　　会議の存在意味が参加者でどのように共有されているのかを書く。
   - **その日の成果物が明確にされていたか（目標）**　　その日の会議で，何を生み出そうとしていたのか具体的に記す。これも参加者で共有されていたかがポイント。

2) 話合い中に記入する項目
   - **一番左の欄**　　時間を書く欄
   - **話合いのプロセス**　　目の前で起こっている事実を書く（外のプロセス）。
   - **良かった点・改善点**　　自分の中で起きている感情や解釈を書き取る（内なるプロセス）。

3) 話合い終了後に記入する項目
   - **成果物**　　実際に会議で生み出された結果を具体的に記す。行動計画（誰が，いつまでに，何を）になっているかどうかをチェックする。
   - **場の雰囲気**　　全体としてのその場の雰囲気を評価し，その理由を記入する（外のプロセスの総括にあたる）。
   - **自分の気持ち**　　同様に自分としての満足度を評価し，その理由を記入する（内なるプロセスの総括にあたる）。
   - **総合評価**　　総合的にその会議を評価するとしたら，何点で，それはなぜかを記入する。

たとえ 30 分程度の会議であっても，万が一その会議がうまくいっていないと感じるも

のであった場合，これだけの視点についてアセスメントをすることで，ファシリテーターとしてどのように具体的に関わっていけばよいかが根拠を持って明確になってくる。例えば，「開始予定時間が15時」であるにもかかわらず，「実際の開始時間が15:15」という記録が得られたとしよう。この「15分」の遅れをどう解釈し，どう改善の手立てを考案するかが，ファシリテーターに課せられた一つの役目である。15時ではメンバーが半分程度しか集まらず，「もう少し待ちましょう」ということになったのか，それとも，その日は何か突発的な事故が組織の中で起きてしまいその処理のために遅らさざるを得なかったのか，によって対応の仕方は全く異なってくる。前者の場合，「もう少し待ちましょう」という対応がよかったのかどうなのか，それも検証しなければならない。

こういう対応をした場合に，次に予測される出来事は「それまで15時に集まっていた人たちも，段々15時を過ぎて集まるようになる」ということである。これはなぜだろうか。このような行動のからくりとそれをもとにした行動の起こりやすさの推測を行うのが，行動分析学の理論フレームであるが，これについては，本章第4節を参照されたい。

Column　できれば行いたいビデオ分析

実際に目の前で繰り広げられている場面を客観的に観察するのは，なかなか大変な作業ですので，今のようにビデオ映写が簡単にできる時代であれば，5分〜10分程度のビデオ録画された場面を使ってこの観察の練習をされることをおススメします。

一度行ってみると，どれだけ多くの情報が目の前を通り過ぎているかが実感としてわかるでしょう。加えて，自分の立ち居振舞い，声の出し方，話し方の癖などもビデオの方がはっきりとわかります。これは次のコミュニケーション力のトレーニングにも役立ちます。

3　一対一のコミュニケーション力のトレーニング
——次の一手を実行するための基礎

3.1　コミュニケーションに影響を及ぼす要因の整理

観察力は，ファシリテーターがその場をよく見て適切な次の一手をどこで打てばよいかを見極めるには大事な基礎力であるが，見極めただけでは何も場は変わらない。次に行うべきことは，何らかのアクションを起こすことである。その際に重要なことが基本的なコミュニケーションの力があるかどうかである。言い換えればどの程度そのアクションの効果を最大限に引き出せるような「発言」ができ，「行動」ができるかということである。この部分は書面では大変伝えづらい部分ではあるが，コミュニケーション行動として機能す

る要因について次の表で整理してあるので参照されたい。

表5-1では，私たちが話したり，聞いたり，書いたり，読んだりできる対象としてのいわゆる「言語」以外にも実はたくさんの要因がメッセージを伝えているということを示している。一般には「非言語行動」あるいは「ノンバーバル行動」などと言われることが多いが，表中では，言語か非言語か，という項目に加えて「音声か非音声か（ボーカルかノンボーカルか）」の項目が入っている。

表5-1　コミュニケーション行動の整理表

	音声的 Vocal	非音声的 Nonvocal
言語的 Verbal	話しことば	書きことば 手話
非言語的 Nonverbal	話し方・速度 声の大きさ・高さ	顔の表情 身振り・姿勢 空間・時間

言語とは何かとは哲学的な問題ではあるが，ここでは，便宜的に「意味するものと意味されるもの（指示対象）が恣意的な規則で結びついており，その規則を言語共同体が共有している場合」に，言語的な行動としておく。また，音声か非音声かについては，音声を用いた行動か，そうでない行動か，と捉えておく。

①言語的・音声的な行動
　　ここには，私たちが普段会話で使っているいわゆる「話しことば」が含まれる。
②言語的・非音声的な行動
　　ここには，発声は伴わない言語行動である，書きことば，および手話が含まれる。
③非言語的・音声的な行動
　　言語ではないが音声的な行動とは，声の調子，声の高さ，大きさ，話すスピード，話し方という「声を使って話す」際には必ず付随している様々な要素を指す。例えば，私たちは声の高さや話し方で，その人が男性か女性か，どのような性格かということを瞬時に判断している。早口で話す人はせっかちに，ゆっくり話す人はおっとりな性格に見られやすいのは想像に難くないであろう。
④非言語的・非音声的な行動
　　言語でもなく，音声も使わないがコミュニケーションとしての機能を持つ行動には，顔の表情，身振り・姿勢，時間や空間の使い方というものが含まれる。顔の表情については，笑顔か怒り顔かによって相手に何が伝わるかは明白である。また猫背の姿勢，踏ん反り返った姿勢，ポケットに手を入れたり，踵を踏んだり，などなど様々な身振りからも私たちはいろいろなメッセージを読み取っている。

ここで，大事なことは通常のコミュニケーション場面においても，話されている内容はもちろん相手に何かを伝える大事な方法ではあるが，それと同様に，あるいはそれ以上に相手に対するメッセージ性を持っているのが，③と④の非言語的な行動である。もし，誰かが怒った顔をしながら「あなたに感謝しています」と言ってきたとしたら，その人のメッセージをどう受け止めるだろうか？　素朴には「一体，怒っているの？　感謝しているの？　どっちなの？」と感じるであろう。誰かに対応していて，どうもギクシャクした感じを抱いてしまう場合は，この言語的なメッセージと非言語的なメッセージが食い違っている可能性が高い。そういう場合には，行動実現プロセスループをくるくるっとまわしていれば，まずプロセスを見て（自分は何か違和感を感じているな（心得②）），そして，Why？を考えて「なぜ，自分はこの違和感を感じているのだろうか？　この人のどの行動がそうさせているのだろうか？」と分析することができ（心得③），それに対する対応方法が見つかるということになる。

> **Column　言語より非言語が真実を伝える？！**
>
> 　何か大きな不祥事があったときに，大勢の報道陣が集まった中での謝罪の記者会見が行われることが時々あります。以前にテレビで見ていたこのような会見で，大きな事故を起こして大勢の犠牲者を出してしまった後に，その事故を起こした当の大会社の副社長さんが遺族に謝るシーンが映し出されていました。その副社長さん，言語では「大変申し訳ございませんでした」と言っていたのですが，そのときになぜかズボンのポケットに手を突っ込んでいたのです。私も瞬時に「あれ？！」と違和感を感じたのですが，その現場に居た遺族の方も同じくらいのタイミングで「それで謝っているのか！」と詰問されていました。
> 　推測するに，それまでずっと偉い立場の振舞いをしてきていたその副社長さん，ついうっかり「いつもの行動の癖」がそういう謝罪の場でも出てしまったのではないか，ということです。そして，その振舞いを見ていた人はその謝罪の言葉ではなく，非言語行動（ポケットに手を入れる）の方のメッセージを本音と捉えたからこそ，先のような発言が誘発されたのではないかということです。
> 　普段からの振舞いを本当に気をつけていないと無意識の振舞いが出てしまうということ，本番だからちゃんとやろうというような考えではこの「非言語行動」のトレーニングはなかなかできないことではないかと考え直させられるエピソードでした。

3.2　コミュニケーション力のトレーニング

　コミュニケーションの力をつけようと思うのならば，一つひとつのやりとりを丁寧に見直すことが必要となる。結局，人間関係の構築，信頼関係をつくる，ということはどういうことなのかと言えば，どのような一つひとつのやりとりをその人と交わしてきたか，その人との相互作用の歴史によるのである。誰にでも経験があるはずだが，学生時代に「偶

然」同じクラスになった複数のクラスメートの中で、段々やりとりの頻度が増える人と、逆にそうでない人が分かれていくのはなぜなのだろうか。気が合うとか合わないというのはどういう事実を表現しているのだろうか。

結局は、人間関係、信頼関係と称されるものは、「一つひとつのやりとり」に支えられて成立するということ。この理論的な背景については、是非次節の「応用行動分析学」のところをご参照いただくとして、ここではその一つひとつのやりとりの見直し方法について紹介する。なお、この方法はコミュニケーションに困難さのある子どもへの指導法であるインリアル・アプローチ（竹田，2005）を参考にしている。

第2章の心得1の「ミクロのレベルで根拠を持つ」というところでも、この一つひとつのやりとりについて触れたが、本節では、さらにこのコミュニケーションの力をつけるためのトレーニングについて述べていく。図5-3には、わずか10秒程度のやりとりを「コミュニケーションの分析フォーム」を使って書き取ったものを示してある。自分と相手のそれぞれが具体的に何を話したか（発話内容）と、非言語行動について分けて書き込んでいく。このブランクフォームは巻末資料Eに添付してある。

外から見える現象としてわかるのは、自分の発話と行動、相手の発話と行動である。相手の言動についての意図は、自分ではわからないので、確認できる場合は相手に確認する。それが難しい場合には、「こういう意図だったのではないか」ということを推測になってしまうが、書き込む。

状況（クリスマスイブの夜に親友宅でのパーティーに招待されて玄関のドアを開けたとき）（2006年12月24日）

自分の側の言動・意図			やりとりの方向（矢印）	相手側の言動・意図		
④気付いたこと	②自分の意図・感じていたこと	①事実（自分の言語・行動）		①事実（相手側の言語・行動）	③推測される相手の意図	⑤相手の本当の意図（相手に確認する）
	出かける前にムカツクやりとりがあって、むしゃくしゃするな〜	友人宅のドアを開けた瞬間に「ムカツク！」	↘	友人「大丈夫、今日パーティーに来る人、みんな独身だから」	あら、みたちさん、一人もんでクリスマスだから怒ってるのかしら……。	
	何、言ってんの？	「は？ 何？」	←			
	あ、私がイブの夜に一人だから怒っていると思ったんだ！	「あ、大丈夫、全然別のことでムカツイてるんだよ」	→	「だって、ドアを開けてこんにちはも言わないで、ムカツク！って言うから……」		
随分、相手に甘えているんだなと。実家に帰っても「ムカツク」と言ってドアを開けないよね。	そりゃ確かにそうだ。人のうちに行っていきなり「ムカツク」はないね。	「あ、ほんとだ、ごめんね〜」 大笑い	←			
			↘	大笑い！		

図5-3 コミュニケーションの分析フォーム（記入例）

このように丁寧にやりとりの具体的な場面を見直していくことで，例えば，最初は穏やかに話していたにもかかわらず，最後には喧嘩腰になって決裂するそのプロセスが鮮やかに描き出されることがある。試しに自分が何らかの場に関わっているビデオを30分程度でもよいので録画して書き起こしてみると，いかに多くの情報量が現実の場には溢れかえっているかがよくわかるであろう。

> **問いかけワーク** 自分のコミュニケーションの癖（パターン）を整理してみよう

その際に，表5-1のそれぞれの要素について見直してみましょう。できれば，自分が誰かとやりとりしているビデオを見直して，自分のコミュニケーション上の癖（パターン）を列挙してみましょう！　友だちともシェアしてみるとさらにいろいろなことに気付けるでしょう。

```
あなたの回答

```

3.3　何をどのように発信するか？——意思決定が関与する瞬間

その場を見るトレーニングを行い，さらにミクロのレベルでのやりとりを見直した上で，かつ自分のコミュニケーションの癖（パターン）をまずよく知った上で，次にやっと，現実の場面のどこのタイミングで何を言えばよいのか，行動すればよいのかという段階に来る。特にその場がうまくいっていないと感じられるとき，どのように次の一手を打てばよいのか，いくつかそのチェックポイントを以下に示した。

- 今現在，目の前の「場（プロセス）」はうまく流れているだろうか，そうでないだろうか。
- そうでないとしたら，何がそれを妨げているのだろうか。
- その妨げとなっているものを，自分がどのように関われば打破することができるのだろうか。
- その際に，どのような発話内容を，どのような言い方で発信するのが，その場にとって最も効果的なのだろうか。

このようにしてある発話を発信した後に，また場から反応が得られ，それによってまた次の自分自身の具体的な行動・発話を決定する，こういうプロセスを瞬時瞬時に行ってい

るのが，ファシリテーターなのである。つまり，瞬時瞬時に「次どうするのか？」という意思決定を行っているとも言い換えられる。図2-7 行動実現プロセスループ（p.32）の右上の矢印の部分がその「意思決定」ポイントにあたる。

「こんな面倒臭いことしないで，スキルを使って，ぱっとその場をまとめたい」

そう思われるかもしれない。ただ，実際にこんな面倒臭いプロセスをふまえなければ，ファシリテーターとしては場をしっかりと安心・安全なものとしてホールド（保持）しておくことができないのもまた事実である。いきなり瞬時瞬時の意思決定を行いながら行動を起こしていくのは難しいので，そのために「場の観察力」「コミュニケーション力」という基礎力トレーニングをしっかり行っていくことが肝要なのである。

4 応用行動分析学（ABA）の基礎講座
──人間行動を科学的に理解する

ファシリテーションは，常に場に参加している人々の行動と深く関わり合いながら，そこでのプロセスを見ていくものである。そのためには，そもそも人間の行動とはどのような原理で動いているのかについて，きちんとした理論的背景に基づいて理解しておくとさらに良い場をつくっていくことに役立つであろう。本節では，アメリカの心理学者スキナー（B. F. Skinner: 1904-1990）によって創設された「行動分析学」という日本ではまだあまり知られていない心理学の一分野の視点に基づく，人間行動の理解のフレームについて紹介していく。

4.1 行動分析学の「ABCフレーム」で見直す場
──機能している場とそうでない場の違いとは？

行動分析学の理論フレームを使って，まずいわゆる「形骸化された」と称される話合いの場を見直してみる。形骸化，つまり形だけは残っているけれど「機能していない」という場のフレームを図5-4に示した。先に述べた通り，行動分析学は行動をその分析対象としているので，「会議に参加する」という具体的な行動を分析することとする。そのため，図5-4においては，B（= Behavior, 行動）の枠にこの「会議に参加する」という表記がされている。この行動を分析するという意味である。そして，非常にシンプルに，その行

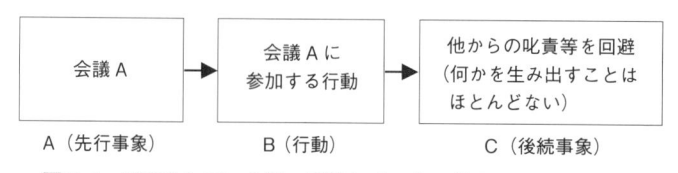

```
┌─────────┐      ┌──────────┐      ┌──────────────────┐
│ 会議 A  │  →   │ 会議 A に │  →   │ 他からの叱責等を回避 │
│         │      │ 参加する行動 │      │ （何かを生み出すことは │
│         │      │          │      │  ほとんどない）      │
└─────────┘      └──────────┘      └──────────────────┘
 A（先行事象）      B（行動）           C（後続事象）
```

図5-4　形骸化している場＝機能していない場のABCフレーム

動の前に何が起きていたか（A ＝ Antecedent（先行事象）），その行動の後に何が起きていたか（C ＝ Consequence（後続事象））をその行動の前後に書き出す。このフレームを以上のABCの頭文字を取って，ABCフレームと呼ぶ。

　このような形骸化している会議の場合，その場に参加している人たちは「参加しているけれど意味がない」と感じている場合が多い。それはなぜかと言えば，場に参加すること自体にはその本人にとって何のメリットもなく，むしろ「参加しないこと」ことに対する「罰」（何らかの叱責や注意など）を回避するために「嫌々ながら参加せざるを得ない」状態であることがほとんどだからである。このような「叱責や注意を回避する」という「からくり」（専門用語では「負の強化」という）で，この場への参加行動は維持している。こういう場合，感覚的には「つまらない」と感じる。

　加えて，そういう場に対しては，「叱責が来ない範囲で」上手にその会議に参加する行動を間引き，つまり遅刻したり，早退したり，あるいは時々欠席したりする行動が生起しているはずである。ご自身はどうであろうか？

　あるいは，公的に罰則などが設定されているようなもの（例えば，会社の会議でサボるとその後の査定に響くなど）であれば，後続事象において他からの叱責や注意を回避する，あるいは査定で悪い評価を受けることを避けるということで会議に参加する行動は「形式的」には継続する。

　では，そういう制約条件がない場合にはどうなるのであろうか？　これは行動分析学の原理に照らし合わせれば，「その会議に参加する行動」は自然に消滅するはずである。こういう行動パターンは「消去の原理」で説明できる。つまり，行動の後続事象に何も起きないという状況では，行動は元々の自発的な生起頻度のレベルまで生起頻度が下がるという現象である。このパターンのABCフレームを図5-5に示す。

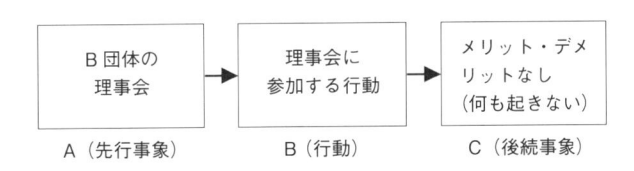

```
┌──────────┐   ┌──────────┐   ┌──────────────┐
│ B団体の  │ → │ 理事会に │ → │ メリット・デ │
│ 理事会   │   │ 参加する │   │ メリットなし │
│          │   │ 行動     │   │ (何も起きない)│
└──────────┘   └──────────┘   └──────────────┘
  A（先行事象）    B（行動）       C（後続事象）
```

図 5-5　場に参加する行動が消去する例の ABC フレーム（活動が低迷化する組織の例）

　もしご自身が企画している会議になかなか人が集まらないという場合には，この図5-5のパターンに陥っている可能性が高いであろう。そういう場合に，「うちのメンバーはやる気がない」「もっと意識を高く持って参加せよ」といくら言ってもほとんど効果がないはずだ。それはその会議に参加する行動自体が何の効果も持っていないからである。こういう自分を含めて人の行動を推測できるのが行動分析学の原理を知っている強みなのである。

　一方，形骸化していない会議，あるいは意味ある場とは，どういう原理で説明できるだろうか。おそらくそういう場に参加すれば，何らかのメリットがあったり，あるいはそこで自分の意見が反映されたり，お互いに意見が共有できたりすることで，その後の自分の

行動計画へのヒントもたくさん得られるようなもので，その場に自分からどんどん関与していくはずである。そして，こういう場合には，感情的には「楽しい」と感じられることが多い。

自発的に，つまりそれは仕事上，止む無く「ではなく」，ある場に関わっている頻度が高い人はおそらく図5-6に示したようなABCフレームで理解できるはずである。会議に参加することで，たくさんのことが得られていることを示している。このように何かが得られることで行動が維持している場合を専門的には「正の強化」という。

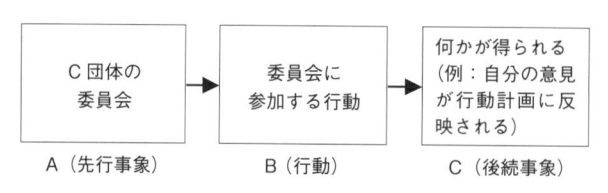

```
┌─────────┐    ┌─────────┐    ┌─────────────┐
│ C団体の │ →  │ 委員会に │ →  │ 何かが得られる │
│ 委員会  │    │参加する行動│    │（例：自分の意見│
│         │    │         │    │が行動計画に反 │
│         │    │         │    │映される）     │
└─────────┘    └─────────┘    └─────────────┘
  A（先行事象）    B（行動）       C（後続事象）
```

図 5-6　機能している場の ABC フレーム

以上はかなり大枠な見方ではあるが，普段ご自分が関与している場はどちらのパターンに近いだろうか？

問いかけワーク　**あなたが参加しているいくつかの会議やミーティングを次の3つに分類してみよう！**

1) 参加するのはおもしろくもなんともないが，義務で仕方なく出ているというもの
　　⇒それらは，図5-4のABCフレームに当てはまっているであろうか？

> あなたの回答
>
>
>
> ※さらに，こういう場への参加を，上手に間引き（遅刻・早退など）していることがあるだろうか？

2) 最初は積極的に参加していたが，段々参加しなくなっているもの
　　⇒それらは，図5-5のABCフレームに当てはまっているであろうか？

> あなたの回答
>
>
>
> ※これらの場は，自由参加の場だろうか？　強制参加の場だろうか？

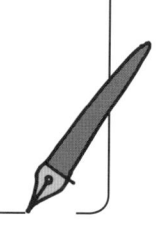

3）現在も，誰からも強制されているわけではないのに，参加するのが楽しみでほぼ毎回参加しているというもの（仕事上でも，楽しみならばこちらに含めてよい）
　⇒それらは，図5-6のABCフレームに当てはまっているであろうか？

> あなたの回答

これらの3つに分類してみて，気付いたことは何だろう？

> あなたの回答

　以上を要約すれば，「その場に参加することで，参加者自身が何かを得られる（得られた）」と感じることができる場，それが「機能する場」ということになる。つまり大切なことは会議やミーティングをただ設定するという形の部分ではなく，参加者にとって意味ある場，つまり機能するシステムにしていくためのしかけを導入時からしっかりデザインしておかなければならないということなのである。

4.2　行動分析学の基礎講座

　前節で，行動分析学のABCフレームをまず先に使って，身近な会議という場の見直しを行ってみた。本節以降では，その理論フレームの要の部分についてごく簡単に解説していく。さらに理解を深めたい場合は，専門書を参照されたい。ここでは，要中の要の3点について取り上げる。

1）ポイント①　行動は，「環境」によって制御されている

　どの学問領域にも根源的な問いがあるが，行動分析学の解き明かそうとする問いは「何が生物をそのように行動させるのか」（レイノルズ，1978, p.1）というものである。この答えとして，行動分析学では行動は環境という要因によって制御されているということを見出している。言い換えれば，人間の行動は環境の要因によって起こりやすくなったり，起こりにくくなったりする，ということである。ここでの環境とは，一般的に言われる物理的な環境を含めて，対人的な環境（他者という環境），および自分の体内環境までを含む広い概念である。この行動と人間の関係をシンプルに示した式が次のものである。

$$B = f(S)$$ （ビジュー&ベアー，1972, p.12）

　この式において，Bは行動（Behavior），Sは刺激事象（Stimulus）を意味し，行動は環境の刺激要因の関数であるということを示している。この図式は，日常的には「行動は意識，あるいは心が制御している」と考えられているパラダイムとは全く異なる関数式である。行動分析学では，「意識」あるいは「心」というものは内的言語行動，つまり「行動」として定義しているので，これらもまた環境の制御を受けている従属変数として，同じ原理で説明できるとされている。スキナーは膨大な動物実験を通して，行動が環境からの制御を受けて，その後の行動の生起頻度の確率が高くなる，あるいは低くなることを見出している（久保田，2003）。

　行動分析学には，主に動物を対象個体として扱い厳格な実験を行う基礎行動分析学の領域と，これらの実験から見出された原理を人間やその他の動物の行動に応用して，例えば問題行動などの行動変容を目的として指導を行う応用行動分析学という領域がある。

2）ポイント②　行動のその後の起こりやすさ（生起頻度）は，行動の結果によって規定されている（結果による選択）

　行動分析学では，行動を理解する際に「意識すれば行動が変わる」という日常的直感に頼った考え方ではなく，「行動のその後起こりえる生起頻度は，その行動の直後に起こった結果事象（consequence）によって規定される」（Skinner, 1981）というパラダイムを用いる。これはシンプルに「結果による選択（selection by consequence）」とも言われる。スキナーは環境に働きかける行動を反応と呼んでいる（オドノヒュー他，2005）。反応というのはある特定の状況のときに生起するものであり，その項目を加えて示すと図5-7のようになる。これを三項随伴性という。

環境事象 → 反応 → 環境の変化

図5-7　三項随伴性（オドノヒュー他，2005）

3）ポイント③　行動を分析する際の物差しとしての「ABCフレーム」と強化・弱化

　前節で紹介したABCフレームは，上記の「反応」の見方を日常生活，つまり応用の場面で使う際に観察する枠組みとして提示されたものである（オニール他，2003）。ある行動を観察するときには，このフレームに基づいて記録をする（図5-8）。

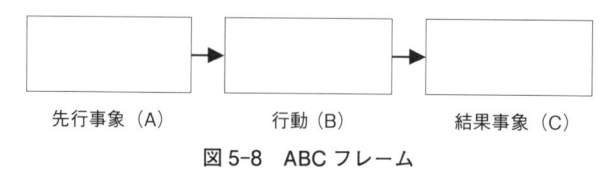

先行事象（A）→ 行動（B）→ 結果事象（C）

図5-8　ABCフレーム

ABCフレームを使い，行動の前に何が起きていたか（先行事象（A），Antecedent），行動（（B），Behavior），行動の直後に何が起きていたか（後続事象（C），Consequence）の3つの事象を観察する。そして，行動と後続事象の関連については次の4つに整理されている。第一は，行動の直後に何かが得られて（出現して）その後のその行動の生起頻度が上がる場合で，これを「正の強化」という。第二は，行動の直後に何かが消失する（回避・逃避を含めて）ことでその後のその行動の生起頻度が上がる場合で，「負の強化」という。第三は，行動の後に何かが出現することで行動の生起頻度が下がる場合で「正の弱化」，第四は，何かが消失することで行動の生起頻度が下がる場合で，「負の弱化」という。表5-2はこの行動と結果事象の関係をまとめたものである。

表5-2 強化と弱化の整理表 (三田地・岡村, 2009)

		行動の直後に起きた事象（C）	
		何かが与えられる（正）	何かが取り除かれる（負）
その後の行動の起こり具合（B）	増えた（強化）	正の強化	負の強化
	減った（弱化）	正の弱化	負の弱化

　この原理に基づいて，最もシンプルに考えれば，ある行動のその後の生起頻度を上げたり下げたりしたいときには，その直後に起きている事象という環境要因をコントロールすればよいということになる。

　しかし，一般的には，「意識が行動を制御している」と考えられている。ゆえに，ある会議への参加率が低いという問題がある場合に，「それは，参加者の意識が低いから」であり，ゆえに「その参加者の意識を高めよう」という発想になっている。現実に，この「意識が行動を制御している」という考え方は広く現在受け入れられているもので，何か行動を変えたいというときには，「関わる人々の意識を改革しよう」ということが声高らかに叫ばれている。しかし，行動分析学的にいえば「意識」というのは「内言語行動」という行動の一つであり，行動そのものの動因（原因）としては実は不十分な概念である。繰り返しになるが，意識も行動の一種だからである。

　行動を制御している，つまり行動のその後の生起頻度を高めたり低めたりしている，真の要因は，行動の直後に起こっている「後続事象（あるいは結果事象）」であり，これを科学的に証明したのが，スキナーである。スキナーの証明した数々の原理の詳細は膨大な文献に譲る。

　人間が「見えている感じ」「感じている感じ」というのは，真の原理をそのまま反映しているとは言えないあやふやな場合が少なくない。最も代表的なパラダイムシフトは，「天動説から地動説へ」の理論転換である。周知の通り，現代では誰もが「地動説」が真の原理だと信じている。しかし，それを知っていても実際にはどうであろう。今でも地平線から日は昇り，再び地平線に日は沈んでいくように見えはしないだろうか。

太陽の動きと地球の関係の真の原理を証明したのが，科学であるのと同じように，私たちの行動の生起についても，「意識が行動を引き起こしている」というのがたとえてみれば「天動説」であり，実際の原理は「結果による選択」（Skinner, 1981）というもので，これが「地動説」にあたろう。

この結果による選択が，先に説明した「強化の原理」といわれているもので，この強化の原理に当てはめて本章の 4.1 では「会議に参加する行動」を見直してみたのである。ここまで読まれて，行動がなぜ起きやすくなるかという問いに答える際に行動分析学の視点で理解するとドラスティックな変換がもたらされることをご理解いただければ幸いである。

なお，行動分析学の詳細については，島宗（2000），島宗（2010），杉山（2005），三田地・岡村（2009），奥田（2012）他も参照されたい。

第6章
ファシリテーターで"あり"続けるために──しなやかな強さを持つ

1 「個人攻撃の罠」にはまらない
──セルフ・モニタリングをしっかり行う

　ここまで，場づくりの意味，意味ある場を実現させるためのファシリテーション，それを活かすために常に考えて行動しておかなければならない志を実現させるポイントとしての2W3B，具体的な場づくりのスキルとしての15ステップ，いくつかの事例そして基礎能力のトレーニングについて述べてきた。時間と空間の中で繰り広げられる「場」について，紙面という媒体で伝えられることには本当に限りがあるが，最低限これくらいは気を付けて場に臨んでいただければ，無計画に，無防備に臨むよりは随分その場が引き締まるのではないかと思われるポイントを厳選した。

　本節では，最後にファシリテーターのあり方として芯の部分で大事にしたいいくつかについて，簡単にではあるが紹介する。第1点目は，自分自身の「防衛反応」に最大限気を付けるということである。ファシリテーターも人間である。その場で何か困ったと「自分が感じる」ことが起きたときに，例えば，その場の進行の仕方へのクレームが出たり，あるいは自分の振舞い，言動について非難されたり，否定的な意見が出されたり，というときに，「あ，困った」とかそれを言った人へのマイナスな感情を瞬時に感じるその瞬間を見逃してしまうと，反射的に自分の言動に対する「言い訳」をしてしまう可能性が高くなる。これが防衛反応というものである。具体的には「それは，私は〜〜という理由でやっているんです」「私は〜〜と良かれと思ってそうしました」などと応答してしまうことであり，要するに指摘された内容の表面上に現れている意味内容に直接反応しているのである。最初に発言した人の発言内容，つまり「意図」を受け止めていない，暗に否定していると取られる可能性がこれも高くなる。このように反応すると，相手はさらに「そうじゃなくって，〜〜だっていうことなんだ」とさらに相手もその言い訳に対して追及をしようとする。さらにそれを防衛しようとして……という負のスパイラルに陥ってしまう。

　そうなると，言った相手も言われた自分もお互いに認めてもらっていないというマイナスの感情が増大し，「理解し合う」という話し合うゴールからは遠のいてしまう。さらに，このような場合に次の解釈が生じやすい。つまり「○○さんがあんなこと言うので，場が乱れる」という誰か個人にその責任を転嫁するという心の動きだ。このような，うまくいかない理由を誰か個人のせいにすることを「個人攻撃の罠」（島宗，2000）と言う。

こうなると,「あいつが悪いのでうまくいかない」「あいつのせいだ」と個人に問題の原因を帰するようになり,場をうまくマネジメントして活性化させるというファシリテーターの本分から外れていってしまうのである。ファシリテーターがファシリテーターでなくなってしまう,とても危ないループなのである。

では,どうしたらこのような場面に「ファシリテーター」として対応できるのか。それは,何か自分の感情面をマイナスに大きく振らせるような出来事がその場に起きたときには,「ああ,○○さんは『～～』という具合に考えているのだな」と,一旦そのままを受け入れる構文で見直すということである。この一文を具体的に頭に思い浮かべるだけで,反射的に口を突いて出てくる防衛的な発言を抑え,自分の巻き込まれそうになる感情を冷静に見ることができる(こういう相手の言葉をそのまま『　』に入れることをブランケッティングとも言う。ブランケットとは括弧のことである)。

その次に相手の発言をそのまま受け取り,その意図を確認していく。

以下に具体的な防衛反応の防ぎ方についてのステップを記した。このプロセスは自らの感情の動きをしっかり見るというセルフ・モニタリングのプロセスである。ファシリテーターとして,場に対して中立でいるためにも,防衛反応に巻き込まれないということは常に気を付けていたい。さらに細かいセルフ・モニタリングのトレーニング方法については,浦崎・三田地(2012)も参照されたい。

防衛反応の防ぎ方——セルフ・モニタリングのステップ

ステップ①　踏みとどまり
　　　　　　(何か否定的な発言が見られたときに,すぐにそれに反応しない)

ステップ②　自分の感情をつかむ
　　　　　　(自分の中で湧き起こってくるマイナスの感情をきちんと捉える。
　　　　　　　例:「今,困ったと感じているな,自分は」などの構文で捉える)

ステップ③　相手の発言を括弧に入れる
　　　　　　(次にその自分の気持ちを捉えた上で「○○さんは,『～～』という具合に考えているのだな」と頭の中で言う)

ステップ④　相手の発言をしっかり理解する
　　　　　　(例:その相手に対しては,そのまま「今,おっしゃったことは,『～～』ということでよいでしょうか」と返す)

ステップ⑤　発言の意図の確認
　　　　　　(「どうしてそう思われましたか」などその発言の真の意図を尋ねるための問いかけを考える)

※ファシリテーター自身にマイナスの感情が湧き起こってそれに巻き込まれてしまうのは,瞬時の出来事である。ステップ①～②は,普段からトレーニングしておく。

2 セルフ・センタリングからメタ・モニタリングへ
―― 自分の軸を持ち，場を俯瞰する

　第二点目は，自分の「しなやかな軸」をつくるということである。前節に挙げたような場面で，「自分の感情がマイナスの方向に揺れる」というときは，一瞬ではあっても自分の中での揺らぎが生じているはずだ。その自分の感情の揺らぎをきちんとキャッチすること，それが「セルフ・モニタリング」である。そのようなときに，その揺らぎに自分が無自覚のまま巻き込まれないこと，そして，その場で起きていることをしっかりとありのまま見続けること，これがファシリテーターの「あり方」，いわゆる"Being"の決め手となる。これはセルフ・モニタリングからさらに一歩進んで，「セルフ・センタリング」[6]とでも言うべき自分の中心軸づくりである。

　特に自分の中での感情が揺さぶられるような状況では，ファシリテーターとして，つい「何かをしなければ」「この場を何とかしなければ」と何かを行おうとする"Doing"の方に気持ちが傾きやすくなることは往々にして起こることである。こういう場面でこそ，ファシリテーターはその場にしっかり「居続け＝ Being」，その場で何が起こっているか，そのプロセスをしっかり見極めていかなければならない。ファシリテーターが，落ち着きなくちょっとしたことで慌てたり，焦ったりする振舞いをしていたらどう感じるだろうか。参加者の側も「あの人，大丈夫かな……」と不安になりはしないだろうか。ファシリテーターのその安定した存在感があってこそ，その場に参加している人はファシリテーターにその場を任せても大丈夫という「安心感」を抱くことができる。このようなプロセスが積み重なって，ファシリテーターへの「信頼」が構築されていく。

　それではこのような「軸」はどうやって構築できるのであろうか。それは，望ましい未来の方向性を思い描きつつ，「今ここを大切に生きる」ということだ。この意味するところは私たちが何かできるのは「今」という瞬間のみであり，その「今」にどれだけしっかり向かい合っているか，未来を憂いたり，過去を嘆いたりせずに，「今」を大切にしているか，ということである。

　ファシリテーターも人間である。いくら軸を持っていても，外で起こる様々な出来事で自分が揺れたり不安定になったりすることもあろう。そういうときにも自分がポキッと折れてしまわないように自分の軸には，しなやかさを備えておきたい。しなやかな強さとは，何かの力で押されて曲がったりゆがんだりはするけれども，決して「折れたり」はせず，また反動で元の位置に戻って来られる，そういう比喩である。肩肘を張った強さ，絶対に譲らないという意固地さではなく，自分の軸は大事にしながらも，相手の力を一旦は受け止めまた戻って来られるような，そんなしなやかな軸を持っていると自分も楽である。

---

[6] セルフ・センタリングは，車輪の中心軸のことであるが，ここでは，自分の中心軸としての意味で筆者が定義して用いた。

こういうしなやかな軸をつくるためにも，自分がどういう状態であるのかを常に「セルフ・モニタリング」すること，他との関係の中での軸のあり方を見直し，それを積み重ねていくことが必要である。

セルフ・センタリングとは，その自分の中の軸に立ち返ること（自己の中心化，自己の軸化作用）であり，それをさらにメタ・モニタリングに発展させたい。メタ・モニタリングはセルフ・センタリングに支えられて，少し遠くからその場を見下ろすような感じ，つまり俯瞰的にその場に起きていることを見続けることである。

ファシリテーターのしなやかな軸づくり "Being" へ

ステップ①　セルフ・モニタリング（自分の感情をしっかり認識する）
ステップ②　セルフ・センタリング（しなやかな自分の軸を持つ）
ステップ③　メタ・モニタリング（自分を含めたその場の状況を俯瞰的に見る）

---

3 常に「プロセス」を観ること
——揺らぎ，恐れ，そして喜びも悲しみも

日々，私たちは様々な出来事にさらされながら生きている。ファシリテーターとしてある場に関わっているときも，そうでないときもそれはまさにそうである。どのようなときであっても，その場には「プロセス」がある。そして，何かが起こるということは，それまでのプロセスがあってのことであり，偶然に見えても必然であるのかもしれない。

繰り返しになるが，ファシリテーターとしての様々な心の揺らぎ——そこには，恐れ，喜び，悲しみなど様々な感情があるだろう——をどれだけ丁寧に見抜くことができるか，それはひいては自分と相手のプロセスをどれだけ細やかに見ることができるかに関わってくる。

ファシリテーターは何より「プロセス」を大事にする。そのためにも，常に，自分のプロセス，その場で起きているプロセス，その場に一緒にいる人のプロセスを大事に扱わなければならないだろう。

以上，ファシリテーターとしての心得，スキル，そしてしなやかな軸づくりのためのステップについてお伝えしてきた。ファシリテーションに限らず，いかなる「技」であっても何のためにそれを使うのかという目的，意味づけが不明確では，その技は活かされないであろうし，その意味づけこそが「志」になろう。何のためにファシリテーションの技を使うのか，日々そのことを身の回りの様々な出来事と照らし合わせながら考えていく姿勢が必要だ。そして，「志を高く」と言われて，心の中でただ念じるだけでは良い場を生み出すこともできない。具体的に行動することが必要だ。また，書籍や1日程度のセミナーで

紹介されているようなスキルをちょっと使えば，たちまち素晴らしい場になろうはずもない。

いかなる技であっても，短期間で，つまり付け焼刃でできるようなものは，所詮そういう程度のものにしか過ぎない。本来「匠の技」と言われるようなものは，いかなるものであっても，それを極めていくためにはいつも，いつまでも自らの行動をふり返り，改善への手立てを考え，それを次に活かしまたふり返るということを続けていかなければならないのである。

そのためにファシリテーターは常に「ふり返り」，そしてふり返りを行うためにも「プロセスを常に観る」のである。

Column　自分ができると思った瞬間が，危ないとき？！

　以前，まだ駆け出しのセラピスト（筆者は，言語聴覚士として臨床現場で仕事をした時代があります）だった頃，本当にまだまだ何もできない自分が情けなく，仲の良い，セラピストの友人に「もう私はセラピストに向いていない，ダメだ，辞めたい」と散々愚痴を言っていたことがあります。私の繰り返される同じ愚痴をしばらく黙って聞いてくれた後にその友人はぽつんと一言，「自分ができるセラピストと思ったら，辞めたら」と言いました。

　この一言で「はっ」とさせられました。「ダメだ」と思うからこそ，研修会に参加したり，本も読んだりする。人の助言にも耳を傾ける。「自分は一流だ」と思った瞬間に学びがなくなる，そういうことをその友人は教えてくれたのです。

　これはファシリテーターにも全く同じように当てはまることだと思います。自分は優れたファシリテーターだと思っている人は「驕（おご）りの道」に陥りやすいでしょう。常に「自分は完全ではない，まだまだ学ぶ必要がある」と研鑽を続けること，これが本当のプロへの地道な「プロセス」に他なりません。

引用文献

第1章

フラン・リース（著）黒田由貴子・P.Y. インターナショナル（訳）（2002）ファシリテーター型リーダーの時代　プレジデント社

星野欣生（2010）ファシリテーターは援助促進者である　津村俊充・石田裕久（編）　ファシリテーター・トレーニング［第2版］—自己実現を促す教育ファシリテーションへのアプローチ—　ナカニシヤ出版　pp.7-11.

石川拓治（2008）奇跡のリンゴ：「絶対不可能」を覆した農家　木村秋則の記録　幻冬舎

岑　康貴（2010）「知」を生むための場の共有—AgileJapan2010 野中先生 基調講演から <http://blogs.bizmakoto.jp/minesweeper96/entry/125.html>（アクセス日：2012年10月22日）

三田地真実（2009）学校を変える教育ファシリテーション（1）　想いを実現するために—教育現場を活性化するためのノウハウとして—　児童心理, **63**(5), 553-558.

三田地真実・岡村章司（2009）子育てに活かすABAハンドブック—応用行動分析学の基礎からサポート・ネットワークづくりまで—　日本文化科学社

森　雅浩（2009）序　中野民夫・森　雅浩・鈴木まり子・冨岡　武・大枝奈美　ファシリテーション—実践から学ぶスキルとこころ　岩波書店　p.5.

森　時彦（2004）ザ・ファシリテーター　ダイヤモンド社

中城　進（2006）教育心理学　二瓶社

中野民夫（2004）ファシリテーション基礎講座資料　Be-Nature School

中野民夫・森　雅浩・鈴木まり子・冨岡　武・大枝奈美（2009）ファシリテーション—実践から学ぶスキルとこころ　岩波書店

野中郁次郎（2010）AgileJapan2010 基調講演：野中郁次郎先生による「実践知のリーダシップ〜スクラムと知の場作り」　資料 <http://www.slideshare.net/hiranabe/agilejapan2010-keynote-by-ikujiro-nonaka-phronetic-leadershipagilejapanjapanese>（アクセス日：2012年10月22）

第2章

エイミー・ミンデル（著）佐藤和子（訳）（2001）メタスキル　コスモスライブラリー

アーノルド・ミンデル（著）青木　聡（訳）（2001）紛争の心理学—融合の炎のワーク　講談社

Bridges, K. M. B. (1932) Emotional development in early infancy. *Child Development*, **3**, 324-341.

フラン・リース（著）黒田由貴子（訳）（2002）ファシリテーター型リーダーの時代　プレジデント社

黒田由貴子（2002）はじめに　フラン・リース（著）　黒田由貴子（訳）　ファシリテーター型リーダーの時代　プレジデント社　pp.1-5.

三田地真実（2009）学校を変える教育ファシリテーション（2）　ファシリテーターの3つの「行動」キーワード　児童心理, **63**(7), 697-702.

中野民夫（2003）ファシリテーション革命　岩波書店

ロジャー・シュワーツ（著）寺村真美・松浦良高（訳）（2005）ファシリテーター完全教本　日本経済新聞社

第3章

堀　公俊（2004）ファシリテーション入門　日本経済新聞社

家本芳郎（1998）ザ・席替え—席が替わるとクラスが変わる—　学事出版

石田易司（2004）アイスブレーク—あそびごころの理論と実際　エルビス社

Justice, T., & Jamieson, D. W. (1999) *Facilitator fieldbook*. Amacom Books.

三田地真実（2005）養成研修を企画するにあたって：思いを伝え，気づきをもたらす研修企画デザイン　研究代表者松村勘由　特別支援教育コーディネーター養成研修マニュアル　（独）国立特殊教育総合研究所　pp.19-25.

三田地真実（2007）特別支援教育—連携づくりファシリテーション—　金子書房

三田地真実（2010）学生の特性を活かした"互いの立場を真に理解し合う学びの場"の授業デザイン―ファシリテーションを活用した"ファミリー中心アプローチ"の理解プロセス― 共生科学研究（星槎大学紀要），**6**, 61-78.
森　時彦・ファシリテーターの道具研究会（2008）ファシリテーターの道具箱―組織の問題解決に使えるパワーツール49　ダイヤモンド社
中野民夫（2003）ファシリテーション革命　岩波書店
ロジャー・シュワーツ（著）寺村真美・松浦良高（訳）（2005）ファシリテーター完全教本　日本経済新聞社
West, E. (1999) *The big book of icebreakers: Quick, fun activities for energizing meetings and workshops* (Big Book Series). McGraw-Hill.

第4章

堀　公俊（2003）ファシリテーション入門　日経文庫
家本芳郎（1998）ザ・席替え―席が替わるとクラスが変わる―　学事出版
上條晴夫・江間史明（2005）ワークショップ型授業で社会科が変わる中学校―"参加・体験"で学びを深める授業プラン17　図書文化社
森　時彦（2011）"結果"の出ない組織はこう変えろ！　ファシリテーションの応用と実践　朝日新聞出版
中野民夫（2001）ワークショップ　岩波書店
中野民夫（2003）ファシリテーション革命　岩波書店
ネットワーク編集委員会（2011）授業づくりネットワークNo.2―ファシリテーションで授業を元気にする！　学事出版
津村俊充・石田裕久（編）（2011）ファシリテーター・トレーニング―自己実現を促す教育ファシリテーションへのアプローチ（第2版）　ナカニシヤ出版
八木健夫（2008）板書の極意　アメニモ
横浜市教育センター（2009）授業力向上の鍵―ワークショップ方式で授業研究を活性化！　時事通信社

第5章

ジョージ・S・レイノルズ（著）浅野俊夫（訳）（1978）オペラント心理学入門―行動分析への道―　サイエンス社
久保田　新（2003）臨床行動心理学の基礎―人はなぜ心を求めるのか　丸善
三田地真実・岡村章司（2009）子育てに活かすABAハンドブック―応用行動分析学の基礎からサポート・ネットワークづくりまで　日本文化科学社
奥田健次（2012）メリットの法則―行動分析学実践編―　集英社
ロバート・E・オニール，ロバート・H・ホーナー，リチャード・W・アルビン，ジェフリー・R・スプラギュー，キース・ストーレイ，J・ステファン・ニュートン（著）茨木俊夫（監修）三田地昭典・三田地真実（監訳）（2003）問題行動解決支援ハンドブック　学苑社
島宗　理（2000）パフォーマンス・マネジメント―問題解決のための行動分析学　米田出版
島宗　理（2010）人は，なぜ約束の時間に遅れるのか　光文社
シドニー・W・ビジュー，ドナルド・M・ベアー（著）山口　薫・東　正（訳）（1972）子どもの発達におけるオペラント行動　日本文化科学社
Skinner, B. F. (1981) Selection by consequence. *Science*, **213**, 501-504.
杉山尚子（2005）行動分析学入門　集英社
竹田契一（監修）里見恵子・河内清美・石井喜代香（著）（2005）実践インリアル・アプローチ事例集―豊かなコミュニケーションのために　日本文化科学社
ウィリアム・T・オドノヒュー，カイル・E・ファーガソン（著）佐久間　徹（訳）（2005）スキナーの心理学―応用行動分析学（ABA）の誕生　二瓶社

第6章

島宗　理（2000）パフォーマンス・マネジメント―問題解決のための行動分析学　米田出版
浦崎雅代・三田地真実（2012）今ここプラクティス教本　神楽坂懇話懇親会資料

おわりに
これまで，そしてこれから──ファシリテーターとして生きる

　私が「ファシリテーター」を自分の人生のキーワードとしてから，約10年の月日が流れました。その間に，様々な偶然の出会いがありました。一つの出会いから，次の出会いが生まれ，そしてまた次の出会いが導かれる，こういうプロセスを今，改めてふり返っています。

　私にとって，やはり大きな出会いは，本書の監修の労を担ってくださった中野民夫氏との出会いでした。お目にかかる前から，お名前だけはご著書などで拝見していましたが，初めてBe-Nature Schoolでお会いした瞬間に「この方に師事したい」と強く思いました。思い起こせば，現在私がファシリテーターとして仕事をさせていただいている多くのご縁は中野氏がつくってくださったものであり，改めて感謝の気持ちで一杯です。本書はそういう意味でも中野民夫氏から学んだこと，そしてBe-Nature Schoolで学んだことを自分の専門である応用行動分析学の視点も加味して再構成したという内容になっています。言わば，「Be-Nature School 卒業論文」を書いているような気持ちでこの原稿に向かっていました。Be-Nature Schoolの森雅浩氏を始めとするスタッフの皆様にもこの場を借りて心からお礼申し上げます。

　多くのことを学んだ中で，特に「プログラムデザイン曼荼羅図」は私の人生を共にするツールとなり，毎日何かにかの曼荼羅図を描いています。実はこの曼荼羅図自体が持つパワーというものを調べてみたいというのが次の私の目標です。2012年秋に訪れたブータン王国においても，本物の曼荼羅が街中のあちらこちらに（学校の教室にまでも！）飾られてあるのを見たときには，大変驚きやはりそのパワーに圧倒されました。いつか曼荼羅についてはもっと深く調べてみたいと思っています。

　思い返せば，本書の企画を立ち上げたのは2008年の秋頃で，実際に出版するまでに5年もの月日が流れてしまいました。この間に，ファシリテーターとしてのあり方を根底から考え直さなければならない出来事に遭遇し，一度完全に筆が止まってしまったという「プロセス」がありました。そういう様々な「プロセス」をふり返りながら，ファシリテーションで大事な「プロセス」という視点が誰の人生にも流れているものであるという当たり前のことに再度深く気付くきっかけともなりました。この間，辛抱強く原稿ができあがるのを待ってくださった，ナカニシヤ出版の宍倉由高編集長，そして山本あかね氏には改めてお礼申し上げます。

　また，プログラムデザイン曼荼羅図を使った場づくりの実際について，快くご自分の資料を提供してくだった，藤田誠一さん，山本修さんに感謝申し上げます。

今ここでこうやってこの原稿の最後の最後をやっと書ける「プロセス」に至れたことを静かに，そして心から感謝すると共にこれからもまた自分自身のファシリテーターとしてのプロセスがどこまでどのように続いていくのか，また自分自身も時には苦しみながら，時には楽しく見続けながら，一つひとつのプロセスを味わっていきたいと思います。そして，中野さんからいただいた次の視点で，常に自らのプロセスをふり返りたいと思います。

"What is going to happen through us？"
（私たちを通して，今，ここで何が起ころうとしているのか）

2013年2月13日
三田地　真実

巻末資料　A

『ファシリテーション』企画の 6W2H のフォーム

記入者名：　　　　　　　　　　　　　　　　　記入日：

企画名	
Why（なぜ） 目的	
Whom（誰に） 対象	
with Whom（誰と）	
When（いつ） 日時	
Where（どこで） 場所	
What（何を） 内容	
How（どのように） 方法	
How much（いくらで） 参加費	
その他の配慮事項	

プロセスのふり返り：

巻末資料　B

プログラムデザイン曼荼羅図のフォーム

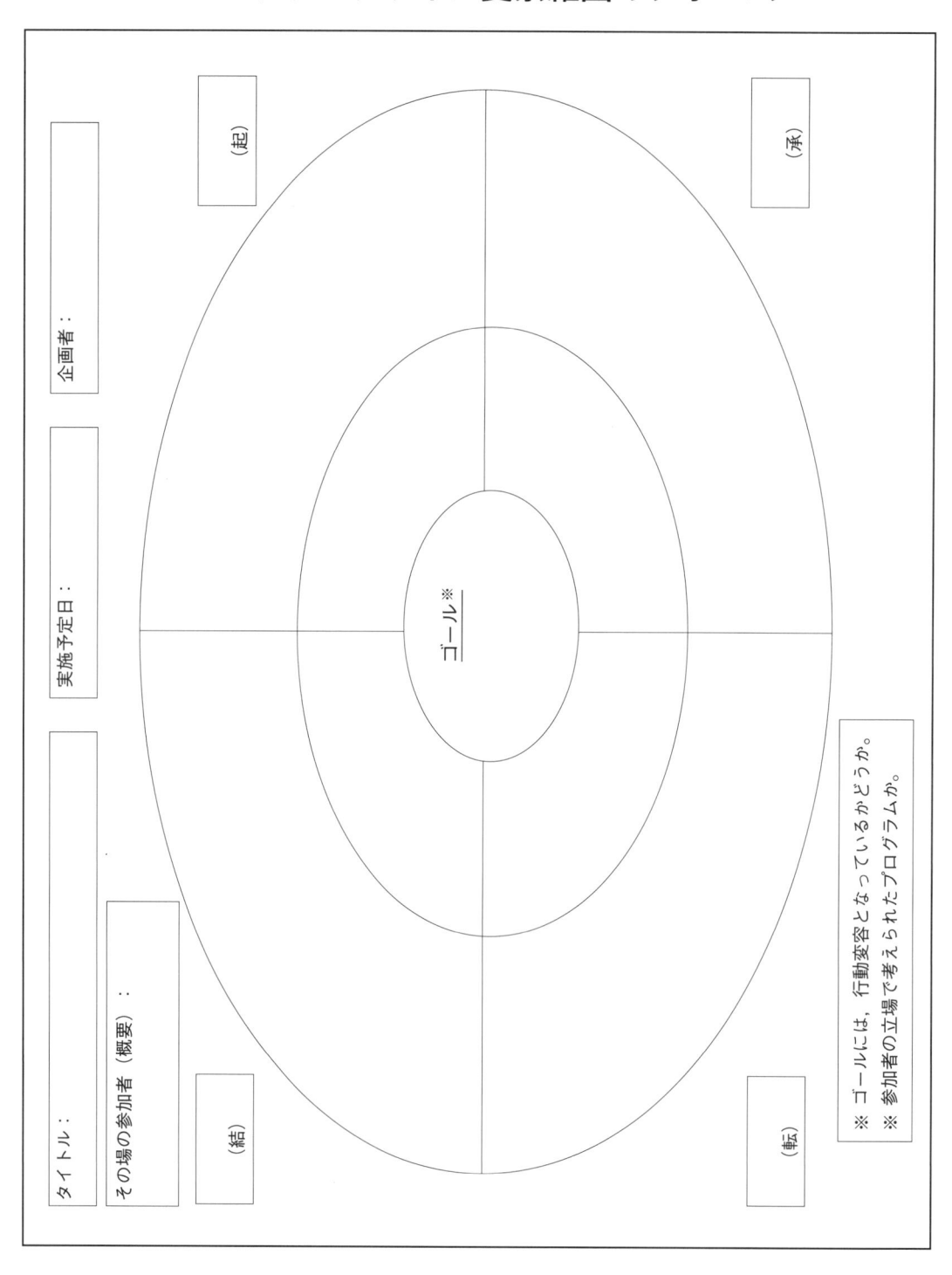

タイトル：

企画者：

実施予定日：

その場の参加者（概要）：

（起）
（承）
（転）
（結）

ゴール※

※ ゴールには、行動変容となっているかどうか。
※ 参加者の立場で考えられたプログラムか。

巻末資料　C

場の観察アセスメントフォーム

観察日：　　　　　観察場面：　　　　　　　　　　　　観察者：

Time：	その場で起きている客観的な事実	気づいたこと，感じたこと，感想，疑問（自分の主観）

■自分としての気づいた点

巻末資料　D

話合い観察チェック表

記録者：

開催日		予定時刻	
参加者人数・構成		実際に要した時間	
司会		記録係	
そもそも何のための会議なのか（目的）		その日の成果物（会議で生み出す物）が明確にされていたか？（目標）	
話合いのプロセス		良かった点・改善点	
:			

成果物	
場の雰囲気	良い・悪い・わからない（その理由は？）
自分の気持ち	満足・不満足・わからない（その理由は？）
総合評価	（　　　　　／100点）（その理由は？）

巻末資料　E

コミュニケーションの分析フォーム

観察日：　　　　　　観察場面：　　　　　　　　　　　　　観察者：

自分の側の言動・意図			やりとりの方向（矢印）	相手側の言動・意図		
④気付いたこと	②自分の意図・感じていたこと	①事実（自分の言語・行動）		①事実（相手側の言語・行動）	③推測される相手の意図	⑤相手の本当の意図（相手に確認する）

人名索引

あ
アーノルド・ミンデル　29
浅見　肇　59
アレックス・オズボーン　59
家本芳郎　48
五十嵐登美　59
石川拓治　6
石田裕久　77, 83
石田易司　55
ウィリアム・T・オドノヒュー　116
ウェスト（West, E.）　56
浦崎雅代　120
エイミー・ミンデル　15, 22
江間史明　76, 83
岡村章司　4, 117, 118
奥田健次　118

か
上條晴夫　76, 83
久保田新　116
黒田由貴子　29

さ
シドニー・W・ビジュー　116
島宗　理　118, 119
ジャスティス（Justice, T.）　35
Jamieson, D. W.　35
ジョージ・S・レイノルズ　115
スキナー（Skinner, B. F.）　112, 116-118

た
竹田契一　110

玉野尚子　58
津村俊充　77, 83
ドナルド・M・ベアー　116

な
中城　進　11
中野民夫　12, 26, 30, 31, 36, 41, 43, 75-77
野中郁次郎　3

は
フラン・リース　11
ブリッジェス（Bridges, K. M. B.）　23
星野欣生　12
堀　公俊　75
ホワイト（White, R. K.）　11

ま
松下幸之助　48
三田地真実　4, 7, 12, 16, 20, 41, 45, 66, 117, 118
岑　康貴　3
森　時彦　12, 61, 92
森　雅浩　5, 6

や
八木健夫　96

ら
リピット（Lippitt, R.）　11
ロジャー・シュワーツ　21, 63, 64
ロバート・E・オニール　116

事項索引

あ
アイスブレーク　54
安心・安全な場　17, 27
意志決定のプロセス　63
意味ある場　1
　　──づくり　1
ABC フレーム　112, 116
SECI モデル　3
応用行動分析学（ABA）　100, 112
オープニング　49, 52

か
ガードレール　9
　　──型　7, 9, 10
会場設営　51
書きことば　108
観察力　16, 101
感情の分化　23
感情のモニタリング　22
教育者の4つのタイプ　83
共有活動　65
記録の共有　69
空間のデザイン　36
グループサイズ　56
クロージング　67
結果による選択（selection by consequence）　116, 118
言語的な行動　108
合意形成　63
行動計画　63, 65, 71
行動実現プロセスループ　32, 34, 111
行動変容　4, 5
ゴール　37
　　──設定　38
志　15, 16
個人攻撃の罠　70, 121
個人作業　61
個人ブレスト　62
コミュニケーション行動　107
コミュニケーションの分析　110
コミュニケーション力　16, 107, 109
根拠なきスキル飛びつき型　20
コンテンツ　20, 21, 25

さ
参加者　36, 38
　　──相互間の関係性　40
　　──の相互作用　30
参加への動機づけ　38
三項随伴性　116
シェアリング（Sharing）　65
時間のデザイン　36
事実と解釈　103
収束のツール　60
授業・研修　83
手話　108
消去の原理　113
スキル　15, 16
正の強化　100, 114, 117
正の弱化　117
制約条件　36, 41, 43
セルフ・センタリング　121, 122
セルフ・モニタリング　121-124
線路型　7, 10

た
体験学習のステップ　77
問いかけ　53
独裁的　11

な
2W3B　17
　　──のマインド　15
ノンバーバル行動　110

は
BA　3
場　3
　　──づくり　48
発散のツール　59
話合い観察チェック表　107
話しことば　108
場の3要素　21
場の観察アセスメント　102
PDCA サイクル　70, 71
非言語行動　108
一言チェックアウト　67
一言チェックイン　54
ファシリテーション　5, 12

──の応用分野　75
　　　──の準備　35, 36
　　　──のフォローアップ　35
　　　──の本番　35
　　　──の段階　49
ファシリテーター　6, 12
　　　──型リーダー　11
フォローアップの段階　69
物理的な空間のデザイン　36, 46
負の強化　100, 113, 117
負の弱化　117
負のスパイラル　119
ブランケッティング　120
ふり返り　70, 123
ブレインストーミング　59
プレゼンテーション　97
プログラムデザイン　36, 40
　　　──曼荼羅図　43, 44, 95
プロセス　17, 20, 21, 125
　　　──のふり返り　66
　　内なる──　21, 24, 25, 33, 103
　　外の──　21, 103

防衛反応　121
放任的　11
放牧型　7, 10

ま
マインド　15, 16
魔法の杖　96
民主的　11
メタ・モニタリング　121, 122
『メタスキル』　15
メタ認知　23

ら
ライブレコーディング　58, 96
リーダーシップ　11
6W2H　41

わ
ワークショップ　27, 75-77
枠組み　60
技　15, 16

【監修者】
中野民夫（なかの・たみお）
ワークショップ企画プロデューサー。東京工業大学リベラルアーツ研究教育院教授。1957年東京生まれ。東京大学文学部卒。広告会社の博報堂に勤務の傍ら、カリフォルニア統合学研究所（CIIS）の組織変革学科修士課程への留学を経て、人と人・自然・自分自身をつなぎ直すワークショップや、多くのファシリテーション講座を実践。明治大学や聖心女子大学、法政大学や立教大学の大学院の兼任講師を経て、2012年春に会社を早期退職し京都の同志社大学の教員に転進。
主著に、『ワークショップ』（岩波新書）、『ファシリテーション革命』（岩波アクティブ新書）、共著に『対話する力』（日本経済新聞出版社）、『ファシリテーション実践から学ぶスキルとこころ』（岩波書店）など。

【著者】
三田地真実（みたち・まみ）
教育学博士。言語聴覚士。星槎大学共生科学部・大学院教育学研究科教授。
大学卒業後、教員、および言語聴覚士として大学病院に勤務後、渡米。米国オレゴン大学教育学部博士課程修了（Ph.D.）。専門の応用行動分析学、コミュニケーション障害学を活かしながら、ファシリテーションを教育・医療現場に伝える活動に従事する。キーワードは「意味ある場づくり」。2008年度より法政大学大学院で「ファシリテーション演習」を担当している。
著書に、『特別支援教育「連携づくり」ファシリテーション』（金子書房）、『子育てに活かすABAハンドブック―応用行動分析学の基礎からネットワークづくりまで―』（日本文化科学社）、訳書に『問題行動解決支援ハンドブック』（学苑社）など。

ファシリテーター行動指南書
――意味ある場づくりのために

2013年5月20日　初版第1刷発行
2022年6月20日　初版第4刷発行

定価はカヴァーに表示してあります

監修者　中野　民夫
著　者　三田地真実
発行者　中西　良
発行所　株式会社ナカニシヤ出版
〒606-8161　京都市左京区一乗寺木ノ本町15番地
Telephone　075-723-0111
Facsimile　075-723-0095
Website　http://www.nakanishiya.co.jp/
E-mail　iihon-ippai@nakanishiya.co.jp
郵便振替　01030-0-13128

装幀＝白沢　正／印刷・製本＝ファインワークス
Printed in Japan.
Copyright © 2013 by M. Mitachi
ISBN978-4-7795-0669-7

本書のコピー、スキャン、デジタル化等の無断複製は著作権法上での例外を除き禁じられています。本書を代行業者等の第三者に依頼してスキャンやデジタル化することはたとえ個人や家庭内の利用であっても著作権法上認められておりません。